# 의사마누라의 1인칭
# 병의원 절세 시크릿

## 의사마누라의 1인칭 병의원 절세 시크릿

**초판 1쇄 발행** 2022년 3월 15일
**2쇄 발행** 2022년 4월 11일
**3쇄 발행** 2022년 9월 26일
**개정판 1쇄 발행** 2023년 7월 10일
**2쇄 발행** 2024년 8월 13일

**지은이** 하선영
**펴낸이** 장길수
**펴낸곳** 지식과감성#
**출판등록** 제2012-000081호

**교정** 오현석
**디자인** 이은지
**편집** 이은지
**검수** 백승은, 이현
**마케팅** 김윤길, 정은혜

**주소** 서울시 금천구 벚꽃로298 대륭포스트타워6차 1212호
**전화** 070-4651-3730~4
**팩스** 070-4325-7006
**이메일** ksbookup@naver.com
**홈페이지** www.knsbookup.com

ISBN 979-11-392-1187-0(13320)
값 16,700원

- 이 책의 판권은 지은이에게 있습니다.
- 이 책 내용의 전부 또는 일부를 재사용하려면 반드시 지은이의 서면 동의를 받아야 합니다.
- 잘못된 책은 구입하신 곳에서 바꾸어 드립니다.

지식과감성#
홈페이지 바로가기

개정판

## 의사마누라의 1인칭
## 병의원 절세 시크릿

공인회계사 · 세무사 하선영 지음

"**워라밸 최저등급의 삶 관찰기**

병의원 전문 회계사의 10년 절세 노하우를
이 한 권에 담았다!

지식과감성#

### 개정판 서문

『의사마누라의 1인칭 병의원 절세 시크릿』이 출간된지 어느덧 1년이 넘었다. 너무나 감사하게도 나의 예상을 뛰어넘는 폭발적인 반응이었다. Yes24 병원 세무분야 1위를 하는가하면 무려 5주 동안이나 경영부분 Top100 베스트셀러가 되기도 했다. 개원의라는 매우 좁디좁은 독자층을 가지고 있는 분야의 책이 수만권의 경영서적 가운데 100위 안에 든 것은 기적과 같은 일이었다고 본다. 회사 전화나 메일을 통해 책을 읽은 개원의나 가족들로부터 거의 매일 감동의 피드백을 받았다.

이렇게 스스로가 어리둥절할 정도로 과분한 보답을 받은 원인을 생각해보았다. 나의 예상대로 의사들은 외로웠던 것이다! 기득권층이라는 사회적 인식으로 언제나 정치와 여론은 의사들의 편이 아니다. 하지만 언제나 그렇듯 개인의 삶으로 돌아가면 누구보다 외롭고 공감이 필요한 것이 그들의 삶이리라. 특히 최근에는 산업 전반에 근로시간 감소와 워라밸이 당연한듯 일반화되고 있지만 의사들은 그러한 트렌드의 대척점에 있는 노동자이다보니 소외감을 더 크게 느끼는 듯하다.

게다가 개원의들은 소득금액의 최고 60%에 가까운 터무니없는 소득세와 사회보험료의 부담으로 재산손실과 노동의욕 상실이라는 이중고를 겪으며 하루하루를 버티고 있다.

아마도 이 책이 아무도 몰라주는 그들만의 고충에 대한 제3자의 공감이 담겨있어 반갑게 맞아준 것 같아 한켠에는 안타까운 마음이 든다.

세법은 매년 변동된다. 세무 관련 작가로서 다행인지 불행인지 개정된 세법을 반영하여 책을 업데이트 하지 않으면 본의 아니게 잘못된 정보를 전달하는 결과가 된다. 그리하여 본 개정판에는 2023년부터 시행되는 조세특례제한법의 가장 중요한 절세항목인 통합고용세액공제가 추가되었다. 그밖에 법 조항의 세부적인 수정사항도 모두 반영하였다.

　이 책의 목적은 하나이다. 의료인의 특수관계자이자 병원세무전문가로서 개원의들의 세무업에 대한 인식을 개선하는 것이다. 고객이 바뀌면 시장이 바뀐다. 업계에 만연한 저가 수임과 그 결과물인 물장부 현상은 서로를 피해자로 만든다. 세무업의 본질은 장부의 정확성과 절세로 납세자의 재산손실을 최소화하는 것이다. 이 본질을 되찾는데 이 책이 미력하게나마 도움이 되었으면 한다.

2023년 7월

하 선 영

**프롤로그**

## 워라밸 최저등급의 삶 관찰기

나는 남편이 정형외과 레지던트 4년 차인 해에 만났다. 대학병원에서 소위 치프(Chief)라고 불리던 그 시기가 내가 만난 그의 가장 한가로운 시기였음을 그때는 몰랐다. 나를 만나기 전 치열했던 인턴과 레지던트 시기와 대학병원을 떠나 앞으로 기다리고 있는 그의 시간은 그야말로 일상의 빈틈을 조금도 허락하지 않는 시간일 터였다. 물론 그 상황은 지금도 진행 중이다.

남편은 결혼 직후 바로 취업을 하지 않고 대학병원의 펠로우 과정을 밟게 되었다. 펠로우 과정은 배우는 과정이다 보니 안타깝게도 매우 박봉이었다. 게다가 주말을 포함하여 새벽 5시 출근과 12시 퇴근의 강행군을 하며 교수님을 보필하는 그의 삶은 내가 보기에 지속가능성이 없었다! 결국 얼마 지나지 않아 지친 남편은 경기도 한 병원에 페이닥터로 취업을 하게 되었다. 하지만 페이닥터의 근로 환경도 열악하기는 마찬가지였다. 그 당시 봉직의는 근로계약서도 제대로 쓰지 않고 구두상 계약이 이루어지는 임시 계약직이라 근로기준법에 보장된 기본 연차휴가조차 쓸 수 없었다. 게다가 봉직의로서 야간진료를 해야 할 뿐만 아니라 외과이다 보니 응급환자가 있을 경우 새벽이고 주말이고 대기 상태라 마음 놓고 쉴 수 있는 시간이 없었다.

   남편은 몇 년 동안 서너 군데 병원을 거친 후 봉직의 삶을 마감하고 드디어 개인의원을 인수하여 개업하게 되었다. 그럼 삶이 조금은 나아졌을까? 안타깝게도 전혀 그렇지 않았다. 봉직의 시절엔 월급쟁이이다 보니 진료시간 종료와 함께 업무가 끝났으나 개업을 하고 나니 마감 작업과 진료시간에 하지 못했던 업무까지 해야 해서 퇴근시간은 더욱 늦어졌다. 게다가 직원들은 참으로 다양한(?) 사유로 퇴사와 입사를 반복하여 걱정거리를 지속적으로 안겨주었다.

   이렇게 개원의로서 몇 년을 지내다 남편은 마음 맞는 레지던트 동기들을 모아 관절전문병원을 창업했다. 공동개원을 하게 된 이유는 단순하게도 그동안 불가능했던 일주일의 휴가를 누릴 수 있지 않을까 하는 희망에서였다! 그렇다면 바람대로 공동개원 이후에는 그토록 꿈꿔왔던 일주일 휴가를 갈 수 있었을까? 적어도 지금까지는 가지 못했다. 오히려 그동안 경험하지 않았던 일요일 진료와 9시 야간진료까지 추가되어 워라밸은 처참히 무너지고 있다. 그야말로 극한직업이 아닐 수 없다.

   여기까지가 내가 의사마누라로서 의사인 남편의 삶을 워라밸적(?) 시각에서 바라본 소감이다. 물론 병과마다 다르고 외과의가 아닌 경우 조금 더 여유로울 수 있겠지만 시간으로 돈을 버는 같은 전문직 입장에서 바라봐도 의사라는 직업은 가성비가 가장 떨어지는 직업임은 부인할 수 없는 것 같다.

이 책은 나의 남편과 같이 전국 곳곳에서 워라밸 최저등급의 삶을 살아가고, 아니 견뎌내고 있는 원장님들에게 조금이나마 도움이 되고자 집필하게 되었다. 기본적으로 이 책의 집필 동기는 '측은지심'이 바탕에 있다고 보면 된다.

시중에 나와 있는 세무전문가들의 병의원 세무 서적은 많지만 나는 세법 지식을 전달하기보다 10여 년간 여러 병의원 세무대리를 하며 고민해왔던 세무대리인을 선임한 원장의 입장에서 꼭 알았으면 하는 주제를 위주로 담았다. 그야말로 회계사, 세무사인 동시에 '의사마누라'만이 할 수 있는 1인칭 시점의 내용들만 엄선했다.

예를 들면 여러 비용 항목 중에서도 가장 질문 빈도가 높은 업무용 승용차 비용과 접대비만을 실었다. 나머지 비용 항목들은 세무대리인이 알아서(?) 처리해주기 때문이다. 또한 절세의 다크호스인 조세특례제한법상 세액공제와 세액감면 중 병의원에 적용할 수 있는 대표적인 항목만을 골랐다. 그 이유는 원장이 제목만이라도 알고 있어야 나의 세무사에게 적용 여부를 요구할 수 있기 때문이다. 현실은 알지 못해 적용받지 못하는 경우가 대부분이다. 왜냐하면 모든 다른 서비스와 마찬가지로 세무사는 절대로 대가 없이 나를 위해 알아서 척척 절세를 해주지 않기 때문이다.

최소한 이 책을 읽고 병의원 원장님들이 세금에 대한 기본 소양이 갖추어져 세무대리인과의 사이에 오해의 간극이 줄어든다면 이 책의 소임은 다했다고 본다. 그리고, 사업자의 탈을 쓴 노동집약적 노동자인

원장님들이 병원의 세금 고민을 이제는 털어버리고 하루빨리 자본가로 변신하여 경제적 자유를 누리게 되어 두 평짜리 진료실의 굴레에서 벗어나길 진심으로 바란다.

# CONTENTS

개정판 서문 • 4
프롤로그 • 6

## 제1장 의사마누라의 병의원 절세감상기 ················· 15
- 문화 충격, 근로소득자에서 사업소득자로의 변신    16
- 불공정과 역차별의 끝판왕, 소득세율    18
- 표준소득률에 대한 소회    20
- 모든 재무관리의 기준! 나의 한계세율    24
- 원장이 생각하는 세무사 vs 세무사가 생각하는 원장    28
- 의사가 부자가 될 수 있을까?    31
- 알 수 없는 이 고립감은 무엇?    34
- 세무광고의 진실    37
- '환급의 유혹' 그 실체는?    39

## 제2장 지稅지기 백전백승 – 개원의의 절세 기본상식 ············ 43
- 소득세를 내는 기본 구조는?    44
- 우리 병원의 세금 구조 제대로 알기    46
- 지출증빙 제대로 알기    49
- 표준소득률을 알면 세금이 보인다    52
- 절세는 디테일에 있다!    55
- 기장대리와 신고대리는 어떻게 다를까?    58

## 제3장 업무용 승용차 제대로 알기 ········ 63

- 왜 이 제도가 생겼을까? 64
- 어떤 차종이 규제 대상일까? 65
- 어떤 비용이 승용차 관련 비용일까? 68
- 승용차 관련 비용은 어떤 규제를 받을까? 70
- '업무용 사용'의 경계는 어디까지일까? 72
- 운행기록부 작성법 75
- 업무용 승용차의 감가상각비는 어떤 규제를 받을까?
  - 소유하는 경우 77
- 업무용 승용차의 감가상각비는 어떤 규제를 받을까?
  - 임차하는 경우(리스, 렌털) 79
- 승용차를 팔면 세금을 더 낼까? 81
- 업무용 승용차 전용보험 가입 의무 84
- 사례 분석(차량 소유편) 86
- 사례 분석(차량 리스편) 89
- 사례 분석(차량 렌털편) 93
- 승용차 절세의 5가지 황금법칙(종합) 97

## 제4장 접대비 제대로 알기 ········ 101

- 접대비란 무엇일까? 102
- 우리 병원의 접대비 한도는 얼마일까? 104
- 문화접대비란 무엇일까? 106
- 짝퉁 접대비 구분하기(전편) 108

- 짝퉁 접대비 구분하기(후편)     110
- 접대비, 현금으로 써도 될까?     113
- 상품권과 접대비     115
- 영수증 없는 접대비는 경비처리가 될까?     118
- 접대비로 절세하는 4가지 황금법칙(종합)     122

## 제5장 병의원 절세 삼 형제 – 세액공제·세액감면·소득공제 ·· 127

- 통합투자 세액공제     129
- 중소기업특별세액감면     133
- 사회보험료 세액공제     136
- 고용증대 세액공제     139
- 근로소득증대 세액공제     142
- 성실신고확인비용 세액공제     145
- 엔젤투자 소득공제     149
- 경력단절 여성 고용 기업 등에 대한 세액공제     152
- 통합고용세액공제     155
- 성과공유 중소기업의 경영성과급에 대한 세액공제     158
- 의료비 세액공제     160
- 교육비 세액공제     162
- 월세 세액공제     164

## 제6장 수임 사례 분석 – 원장님만 모르는 우리 병원 물장부 ····· **167**
- 매출 오류   169
- 가공경비 무단 산입   171
- 교육비·의료비 세액공제 누락   173
- 통장 거래 미반영   176
- 기장 벼락치기   178

## 제7장 개원의가 궁금한 6가지 ················ **181**
- 개원 준비 기간에 지출한 비용도 경비처리가 될까?   182
- 통장에 돈이 남는데, 대출을 상환하는 게 좋을까?   184
- 병원과 거리가 먼 세무사무소도 괜찮을까?   187
- 세금은 무조건 적게 내는 것이 좋은 게 아닐까?   189
- 기장계약, 어떻게 하는 게 현명할까?   192
- 세무법인, 회계법인, 세무사, 회계사 어디에 맡길까?   195

♣ 원장님의 경제적 자유를 도와줄 의사마누라의 강력 추천 도서 ♣ ·· **198**

## 부록 ·················································· **201**
【병의원에 적용 가능한 조세특례제한법상 세액공제 및 세액감면】   202
【업무용승용차 관련 세법 규정】   218

## 제1장
## 의사마누라의 병의원

# 절세감상기

## 📑 문화 충격, 근로소득자에서 사업소득자로의 변신

근로소득자와 사업소득자는 세금을 체감하는 정도가 천지 차이다. 비록 동일한 소득에 대하여 같은 세율을 적용받고 있음에도 불구하고 징수 시스템의 차이로 인하여 세금에 대한 전혀 다른 인지를 하고 있다. 즉, 근로소득자는 매월 원천징수를 통하여 미리 세금을 뗀 후 소득을 지급받지만 사업소득자는 1년 치 소득을 합산하여 한 번 납부하는 구조이다 보니 내 돈을 빼앗긴다는 생각이 들어 조세저항이 더 클 수밖에 없다.

똑같은 이유로 페이닥터는 근로소득자이므로 세금에 대한 지식이 전무하다. 특히 의료업계의 오랜 잘못된 관행인 네트급여로 인하여 세금을 모두 병원에서 부담하는 구조이다 보니 본인이 적용받는 소득세율과 세금 구조에 대하여 페이닥터는 대부분 모른다. 왜냐하면 세금에 대해 신경 쓸 이유가 전혀 없기 때문이다. 그 결과 페이닥터는 개업과 동시에 사업소득자로 전환되면서 세무사를 만나 상담을 하고 주위 개업한 선배들의 높은 세금 부담으로 인한 불만을 들으며 조금씩 세금에 대한 위기의식을 느끼고 문화충격에 휩싸이게 된다. 마치 그동안 세금을 한 푼도 안 낸 사람이었던 것처럼.

사실 사업소득자는 근로소득자에 비하여 경비처리를 통한 절세 방법과 세액공제나 감면을 통한 절세 방법이 많아 동일한 소득금액에 대하여 실질 부담세액이 더 적은 경우가 많다. 하지만 나의 경험상 조삼모사의 어리석음은 최고 지식인인 의사들에게도 예외가 되지 않는 것 같다.

따라서 병원을 개업하여 근로소득자에서 사업소득자로 신분이 전환된 의사는 그동안 알 필요가 없었던 세금 구조를 기본적으로 이해하고 시작해야 한다. 물론 복잡한 세법의 구체적인 내용까지는 알 필요도 없지만 소득세를 납부하는 전체적인 프로세스는 인지하고 있어야 개업 후 세금 납부 시점에 억울한 감정이 덜할 것이다. 즉, 세금 백신을 먼저 맞자는 뜻이다.

### 📋 불공정과 역차별의 끝판왕, 소득세율

한국의 소득세 최고 세율은 2020년에 개정되어 49.5%(지방소득세 포함)이다. 이는 OECD 평균 42.8%를 훌쩍 넘을 뿐만 아니라 놀랍게도 대표적 복지국가인 북유럽 3국의 평균인 48.8%조차 뛰어넘는 수치다.[1]

우리나라는 명실상부한 초고세율 국가로 소득세율이 높아도 너무 높다. 이에 반해 근로소득자의 40% 정도는 소득세를 전혀 부담하지 않고 있어 그 불공정함이 이루 말할 수 없다.

**소득세율**

| 과세표준 | 소득세율 |
| --- | --- |
| 1,400만 원 이하 | 6% |
| 1,400~5,000만 원 | 15% |
| 5,000~8,800만 원 | 24% |
| 8,800~1.5억 원 | 35% |
| 1.5억 원~3억 원 | 38% |
| 3~5억 원 | 40% |
| 5~10억 원 | 42% |
| 10억 원 초과 | 45% |

(2023년 현재)

국내 소득세 가운데 상위 10%가 낸 세금이 차지하는 비중이 무려

---
1 출처: OECD, 한국경제(2021.5.6)

전체의 87%로, 이는 미국 70%, 영국 60%, 캐나다 54% 등에 비해 월등히 높다.[2] 즉, 고소득층 세금 부담은 OECD 최고 수준이고 소득세를 전혀 내지 않는 면세 근로자 비율도 OECD 최고 수준이다. 이렇듯 소수의 고소득층들에게 세금 집중 정도가 심하다.

실제로 5월이나 6월에 세금신고를 대행하다 보면 소득세율의 불공정함에 화가 날 정도다. 특히 의사와 같은 전문직들은 대부분 38.5% 이상의 세율을 적용받다 보니 힘들게 번 돈을 고스란히 세금으로 갖다 바친다는 느낌을 지울 수 없다.

병원은 수년 전부터 이미 실질적으로 매출 누락과 같은 탈세가 구조적으로 불가능한 환경임에도 불구하고 세무조사와 같은 지속적인 세무간섭을 받고 있다. 오히려 탈세는 병원이 아닌 현금거래가 많은 의류 도매업, 인테리어 관련 산업, 요식업, 학원업 등이 훨씬 심하고 금액도 크다. 하지만 과세당국은 아는지 모르는지 성실히 신고하는 병원들을 지속적으로 괴롭히는 것 같다.

---

2  출처: 한국조세재정연구원, sbs(2021.7.8)

## 📋 표준소득률에 대한 소회

　표준소득률의 사전적 정의는 '회계장부를 쓰지 않거나 회계장부 내용이 부실하여 소득금액을 계산할 수 없는 사업자에 대하여 세무당국이 적용하는 기준율'이다. 비록 공식적인 표준소득률은 없어졌지만 국세청은 업종별로 납세자의 소득세 신고의 적정성을 판단하는 기준으로 소득률을 사용하고 있다. 다시 말해 표준소득률은 우리가 흔히 얘기하는 '마진율'이라고 생각하면 편하다. 만약 신고된 소득률이 업종 평균 표준소득률의 80%보다 낮으면 우리는 '신고소득률 저조자'라는 무시무시한 경고 문구를 소득세 신고 안내장에서 보게 된다.

　당연히 표준소득률은 업종마다 다르며 매년 변동된다. 그리고 병원의 경우 병과별로 소득률이 다르고 최근에는 업종 평균뿐만이 아니라 사업장의 지역별 평균 소득률로 세분화되어 관리되고 있다.

◆ **2022년 기준 업종별 표준소득률(1 – 단순경비율) 예시**

### 1 그룹

| 대금업 | 연예인 | 부동산임대 |
|---|---|---|
| 74% | 71% | 63% |

### 2-1 그룹

| 성형외과 | 변호사업 | 치과 | 피부과 |
|---|---|---|---|
| 57% | 55% | 38% | 32% |

### 2-2 그룹

| 내과 | 세무사업 | 정형외과 | 종합병원 |
|---|---|---|---|
| 30% | 27% | 25% | 21% |

### 3 그룹

| 제조업 | 도소매 | 농업 | 광업 |
|---|---|---|---|
| 11% | 5% | 3% | 2% |

표준소득률, 소위 마진율은 생각보다 우리에게 많은 것을 설명해준다. 업종별로 평균 소득률에 차이가 나는 것은 왜일까? 가장 핵심적인 원인은 '대체 가능성'이다. 대체 가능성이란 얼마나 많은 사람이 이 업종에 참여할 수 있느냐, 즉 진입장벽을 의미한다. 가장 소득률이 높은 1 그룹의 경우 자본주의 사회에서 가장 대체가 불가능한 자산의 임대이다. 물론 연예인은 인적자산 중 가장 대체 불가능한 자산이다.

한편, 2 그룹과 3 그룹의 차이를 만든 것은 '면허'라는 진입장벽이다. 즉, 면허가 진입장벽을 만들어 2 그룹의 '대체 가능성'에는 한계가 있다. 반면에 3 그룹은 자격에 대한 제한이 없이 누구나 할 수 있는 일이니 당연히 소득률이 낮다.

그렇다면 2 그룹 내의 차이는 만드는 것은 무엇일까? 바로 '레버리지 가능성'이다. 쉽게 말해 직원이나 기계장치와 같은 인적·물적 자원을 이용하여 부가가치를 창출하는 비중이 높다면 소득률이 낮다. 예를 들어 성형외과 의사나 변호사는 전문가 본인이 직접 시간을 투여하여 진료를 하고 변호를 하여 소득을 창출하지만(직원의 기여도 미미함) 세무사는 직원과 같은 인적자원, 종합병원은 병상과 같은 물적 시설을 이용하여 간접적으로 소득을 창출하다 보니 소득률에 차이가 난다. 즉, 2-1 그룹의 상대적으로 높은 소득률은 전문직의 직접적인 시간 투자에 대한 대가가 녹아 있다.

상담을 하면서 내가 흔히 하는 말은 "병원에서는 원장님이 가장 중요하지만 세무사사무실은 직원이 가장 중요합니다"이다. 이것이 바로 소득률의 차이를 설명한다.

그렇다면 과연 소득률은 높은 것이 좋을까? 여러 병과 개원의의 소득세 신고를 하며 느끼는 것은 세율의 누진적 구조로 인하여 소득률이 높더라도 투입시간 대비 소득의 증가분이 낮아 큰 이득은 없다는 것이다. 오히려 여가 시간의 감소와 육체적 피로 등의 대가가 소득의 증분보다 더 크다.

그렇다면 개원의는 표준소득률을 왜 알아야 할까? 당연히 세무간섭으로부터 자유롭기 위해서다. 일반적으로 신고한 소득률이 본인이 속한 병과의 지역 평균 소득률의 80% 이상을 유지해야 사후검증 대상이 되지 않는다. 낮은 소득률로 인하여 경비에 대한 소명 요구를 받게 되면 세금이 추징되는 것과는 별개로 정신적으로 힘든 경우가 더 많다. 나는 금전적 이익보다 심리적 안정이 더 중요하다고 본다. 따라서 세금은 무조건 적게 내는 것이 능사가 아님을 언제나 명심해야 한다.

## 📁 모든 재무관리의 기준! 나의 한계세율

한계세율이란 초과수익에 대해 세금으로 지불해야 할 비율이다. 즉, 내가 추가로 일을 하여 소득이 증가할 경우 이 소득의 증가로 인해 추가로 부담해야 하는 세금의 비율을 의미한다. 당연히 한계세율이 높아지면 버는 돈 대비 세금이 늘어나기에 근로의욕이 감소하고, 노동을 위해 시간을 사용하기보다는 여가를 선호하게 된다.

사업소득자로서 개원의는 특히 한계세율에 대한 개념을 명확히 알고 있어야 한다. 나의 평균적인 한계세율을 알아야 수익과 지출에 대한 의사결정을 합리적으로 할 수 있기 때문이다.

〈사례〉 소득금액별 실효세율

(단위: 만 원)

| 소득자 | 소득(과세표준) | 소득세 | 실효세율 |
|---|---|---|---|
| 홍절세 | 3,000 | 324 | 10.8% |
| 이절세 | 7,000 | 1,104 | 15.8% |
| 김절세 | 10,000 | 1,956 | 19.6% |
| 박절세 | 20,000 | 5,606 | 28.0% |
| 하절세 | 90,000 | 34,206 | 38.0% |

위의 표에서 보는 것처럼 고소득자일수록 실질적으로 적용되는 세율(실효세율)이 크게 증가하는 것을 알 수 있다. 여기에 산출세액의 10%인 지방소득세와 약 8%의 건강보험료까지 추가하게 되면 하절세와 같

은 고소득자의 경우 무려 소득의 50% 이상을 세금으로 납부하게 된다.

〈사례〉

> 내과를 운영하는 개인사업자 홍절세는 거래처에서 물품 대금 1,000만 원을 증빙 없이 현금으로 지급하면 100만 원을 할인해준다고 하여 고민 중이다(홍절세의 세율구간 35%).

(단위: 만 원)

|  | 비용처리 | 절세금액 | 건강보험감소액 | 할인액 | 순이익 |
|---|---|---|---|---|---|
| 증빙 수령 시 | 1,000 | 350 | 70 | 0 | 420 |
| 증빙 미수령 시 | 0 | 0 | 0 | 100 | 100 |

이렇게 적용되는 세율구간이 높을수록 비용처리를 하지 못하는 불이익이 할인액보다 훨씬 더 크므로 홍절세는 할인을 받지 못하더라도 증빙을 받는 것이 유리하다.

만약 소득세 신고 시 적용되는 세율이 35%(지방소득세 미반영)일 경우 100만 원의 경비를 지출한다면 나의 실제 지출액은 100만 원이 아닌 65만 원(=100 × (1 - 35%))이다. 반면, 내가 추가로 100만 원을 벌었다면 나의 실제 소득은 100만 원이 아닌 65만 원이다. 이렇게 한계세율이 높을수록 소득의 증가분은 낮고 경비의 절세분은 크다. 그 결과 높은 한계세율을 적용받는 의사들은 연말이 되면 근로 의욕을 상실하여 한 달간 병원 문을 닫고 쉬는 경우도 있다. 더 벌어봐야 세금이 반이라 워라밸을 추구하는 것이 더 낫다는 합리적 결론을 내린 것이다.

인건비의 경우를 보자. 요즘은 최저임금이 큰 폭으로 오르다 보니 직원을 추가로 채용하는 것에 대한 부담이 크다. 하지만 한계세율을 감안한다면 실제 지출액은 그렇게 부담스럽지 않다. 오히려 고용 관련 세액공제와 정부 지원금 적용 대상이 되어 양(+)의 현금흐름(직원을 채용함으로써 돈을 받음)이 될 수 있다. 예를 들어, 2023년의 최저임금을 적용받는 직원을 추가로 채용할 경우 병원에서 지급하는 연봉은 2,413만 원이지만 한계세율을 곱한 절세효과는 929만 원이 되어 실제 지출액은 1,484만 원에 불과하다. 여기에 통합고용세액공제 1,550만 원과 청년일자리도약장려금 720만 원을 적용받을 수 있다면 오히려 786만 원이 이득임을 알 수 있다.

**직원 1인 추가 채용 시 현금흐름**

|  | 현금유입 (+) | 현금유출 (−) | 비고 |
| --- | --- | --- | --- |
| 인건비(연봉) |  | − 2,413만 원 |  |
| 인건비 절세효과 | +929만 원 |  | 한계세율 35% 가정 |
| 고용증대 세액공제 | +1,550만 원 |  | 청년, 지방 가정 |
| 청년일자리도약장려금 | +720만 원 |  |  |
| 순현금흐름 | +786만 원 |  |  |

따라서 이 사실을 모르고 단순히 직원 채용으로 지출되는 연봉과 4대보험 부담액만을 고려하여 직원 채용을 하지 않는 것은 어리석은 의사결정이다.

무조건 저축하고 아끼는 것이 재테크의 비법이 아닌 것처럼 사업소득자는 매출을 늘리고 경비를 아끼는 것만이 경영의 비법이 아님을 명심해야 한다.

## 🏥 원장이 생각하는 세무사 vs 세무사가 생각하는 원장
### – 특별대우를 원하는 의사 vs One of them 기장 거래처

의사들에겐 불편한 이야기를 해야 할 것 같다. 일반적으로 기장을 하는 세무대리인은 1인당 적게는 수십에서 많게는 수천 개 거래처의 세무대리를 맡고 있다. 그렇다면 이렇게 많은 거래처 중 세무사가 생각하는 병의원 업체 하나의 중요도는 어느 정도 될까? 안타깝게도 의사들의 예상과는 달리 작은 자영업 거래처 하나와 다를 바 없다고 여긴다. 왜일까?

바로 그 원인은 저렴한 수수료에 있다. 현재 세무대리 월 수수료, 소위 기장료는 세무대리인 간의 과열 경쟁으로 인하여 매출을 불문하고 개인의 경우 10만 원 이하, 법인의 경우 15만 원 이하로 고착화되어 있다. 심지어 이마저도 붕괴되고 있는 추세라 세무대리인의 입장에서는 업체 수를 늘리지 않으면 폭등하는 인건비를 감당할 수가 없는 구조다. 그렇다 보니 병의원도 그 업무의 복잡성에도 불구하고 개인은 10만 원, 법인은 15만 원의 룰(?)을 지키지 않으면 거래처를 유지하기가 힘든 상황이 되었다. 그 결과 세무대리를 맡기는 의사는 나의 '소중한' 병원이 세무사에겐 소규모 자영업과 전혀 다를 바 없는 많고 많은 거래처 중 하나에 불과하다는 사실을 인정해야 한다. 오히려 성실신고 확인제도로 인한 세무대리인의 위험은 더 증가하다 보니 병의원은 리스크 대비 '가성비'가 떨어진다며 수임을 꺼리는 세무대리인도 있는 상황이다.

그렇다면 세무대리를 필수적으로 맡겨야 하는 개원의의 입장에서 내 병원이 최고의 서비스는 아니더라도 오류가 거의 없는 '정상적인 서비스'를 받을 수 있는 방법은 무엇일까?

여기에는 두 가지 방법이 있다. 첫째는 타 자영업자와 차별화될 수 있는 약간 높은 수수료를 먼저 제안하는 것이다. 당연히 용역서비스를 제공하는 세무대리인 입장에서는 높은 수수료에 맞는 서비스를 제공할 수밖에 없다. 좋으니 비싼 것이 아니라 비싸기 때문에 좋아지는 거다. 실제로 세무대리인의 '관심도'와 장부작성의 질은 비례하다 보니 그에 따른 세금의 차이는 매우 크다. 만약, 수수료 10만 원이 추가된다면 절세액은 100만 원 이상이 늘어날 수 있다고 장담한다. 반대로 수수료를 몇만 원 깎으면 수백만 원의 세금이 날아갈 수도 있다는 뜻이다.

나의 경험상 세상에는 깎아서는 안 되는 비용이 두 가지가 있는 것 같다. 첫째는 부동산 중개수수료이고 두 번째는 세무대리수수료이다. 부동산 투자를 하다 보면 부동산 소장님들이 해줄 수 있는 일들이 생각보다 많다는 것을 느낀다. 복비를 두둑하게 지불하거나 최소한 깎지 않으면 좋은 물건 소개는 물론 각종 하자 수리까지 대행해주기도 해서 매우 편하다. 세무대리수수료도 마찬가지이다. 수많은 거래처 중 기억조차 나지 않는 거래처가 될 경우 세무대리인 입장에서 특별히 신경 쓸 이유가 전혀 없다. 가끔 전화해서 왜 신경을 안 써주냐며 불만을 터뜨리는 고객들을 세무사들은 조용히 타 세무대리인에게 미련 없이 보내버린다. 왜냐하면 수수료 기여도가 미미하므로 없어도 그만이기 때문이다. 오히려 정신건강과 직원 복지를 위해 그런 진상 거래처는 보내는 것이 이득이다. 어느 정도 업력이 쌓여 아쉬울 것이 없는 세무대리인들에게 이런 사실은 불문율이다.

 나의 병원이 정상적인 서비스를 받을 수 있는 두 번째 방법은 여러 세무사사무실을 알아볼 필요도 없이 병의원 전문 세무사에게 맡기는 것이다. 이것을 이해하려면 세무사사무실의 기본 시스템을 이해해야 한다. 대부분의 세무사사무실이 담당하는 업종은 우리나라에서 가장 많은 비중을 차지하고 있는 제조업, 도소매업, 요식업이다. 병의원에 해당하는 보건업은 세무사사무실의 소위 주요 업종이 아니다. 즉, 대부분의 세무사사무실은 수십 개의 위의 세 가지 업종의 업체들과 한두 개의 병의원을 맡고 있거나 병의원이 아예 없는 곳도 많다. 보건업의 경우 타업종들과 장부작성 방법이 다르다 보니 병의원 기장 경험이 없는 세무사들은 수임하기를 두려워한다. 가끔 병의원을 전문으로 하지 않는 곳에서 작성한 재무제표를 넘겨받아 보면 매우 다양한(?) 종류의 오류를 발견하게 된다.

 따라서, 나의 소중한 병원이 그저 그런 업체로 취급되어 장부작성과 세금신고의 오류가 누적되는 사태를 방지하기 위해서는 일정 수준 이상의 수수료를 제안함과 동시에 병의원 전문 세무대리인에게 맡기는 것이 합리적이라고 판단된다.

## 의사가 부자가 될 수 있을까?

토머스 J. 스탠리는 『부자들의 선택』에서 부자에는 월 소득이 많은 '손익계산서형 부자'와 자산이 많은 '대차대조표(재무상태표)형 부자'가 있으며 이 둘 중 진정한 부자는 '대차대조표형 부자'라고 했다. 나 또한 그의 말에 깊이 공감하는 바다. 쉽게 표현하면 개인과 기업의 손익계산서는 매년 벌어들이는 소득을 나타내고 대차대조표는 그렇게 매년 발생한 소득이 누적되어 쌓인 현재의 자산을 나타낸다. 일반적으로 소득이 많은 의사와 같은 전문직은 손익계산서형 부자가 많다. 즉, 매달 벌어들이는 수입은 어느 업종보다 높은 편이지만 소비수준이 높다 보니 실제 보유하고 있는 자산 규모는 크지 않다. 결코 진정한 부자라 할 수 없다. 왜일까? 의사들은 근로자와 같이 본인의 노동시간을 투자하여 수익을 창출하다 보니 절대적 시간이 부족하다. 게다가 시간당 기회비용이 커 토요일 진료는 기본이고 야간진료, 주말진료를 하는 경우가 많아 일반 근로자보다 노동시간이 훨씬 길다.

인간이 발전적 사유가 가능하려면 여유시간이 확보되어야 한다. 그것도 게으름을 허용하는 꽤 많은 시간이 필요하다. 과거 18세기와 19세기의 산업혁명기에 영국의 압도적인 성장 배경에는 '빈둥거릴 수 있는 특권(?)'을 가진 영국의 귀족들이 있었다. 인간의 집중력과 체력은 유한하므로 노동에 지쳐 피곤한 상황에서 나를 발전시킬 수 있는 그 이외의 것을 기대하기는 어렵다. 그 결과 의사들은 자산을 불려 부를 확장시키는 투자에 대한 개념이 없을 뿐만이 아니라 강도 높은 노동에 따른 보상심리로 지출 규모가 크다. 토마 피케티가 『21세기 자본』에서 노동소득은 자본소득을 결코 이길 수 없다고 한 것처럼 아무리 노동소득이 높아도 자본에 대한 투자가 없이는 부자가 될 수 없다.

　안타깝게도 내가 지켜본 바로는 의사들은 대부분 이러한 자본주의의 기본 원리를 파악하지 못한 금융문맹인 듯하다. 그 결과 높은 소득이 자산으로 전환되지 못하고 소비로 흘러가 소멸해버린다. 기껏해야 주요 학군지에 집 한 채 있는 정도가 대부분이다. 나의 경험상 지방에 뿌리를 둔 의사들은 거주비용이 서울보다 저렴하다 보니 가처분 소득이 높아 소비수준은 수도권 의사들보다 더 높은 경우가 많았지만 자산 규모의 큰 차이는 없었다. 가끔은 격무에 지친 의사가 노동소득과 체력의 한계를 느끼고 투자에 눈을 돌려 성과를 내는 경우도 있으나 이는 정말 예외적인 경우다.

　그렇다면 의사가 부자가 되려면 어떻게 해야 할까? 비록 타 업종에 비해 어렵겠지만 최대한 고용을 통한 레버리지를 하여 본인의 여유시간을 확보하는 것이다. 개원을 하게 되면 진료뿐만이 아니라 광고, 직원 채용, 결산, 시설관리 등의 업무를 고스란히 원장 혼자서 해야 한다. 하지만 장기적으로 봤을 때 진료 외의 모든 것을 맡길 수 있는 관리자를 고용하는 것이 수익성이 훨씬 높다. 이러한 경영관리 업무는 생각보다 시간과 정신적 소모가 크다. 하지만 현실에서 원장들은 대부분 직원에게 공인인증서를 못 맡기고 진료시간 종료 후 하나하나 지출결제를 하는 등 실무의 늪에 빠져 있다.

회사에서 임원급 관리자들이 실무를 하지 않는 이유는 조직의 장기적이고 거시적인 의사결정을 하기 위해서다. 하지만 개업한 병원의 원장은 실무인 진료와 경영관리를 모두 떠맡다 보니 근시안적 사고를 벗어날 길이 없다. 그 결과 사소한 것에 집착하게 되고 장기적인 안목으로 병원을 효율적으로 운영하는 방법 등은 생각할 겨를이 없다. 당연히 재테크는 남의 나라 이야기가 된다. 부디 만능 엔터테이너가 되지 말고 사유할 시간을 확보하자. 인간은 '생각해서 살지 않으면 사는 대로 생각하게 된다'는 무서운 말이 있지 않은가.

## 📋 알 수 없는 이 고립감은 무엇?

개원의들은 외롭다. 하루 종일 만나는 사람은 두 평 남짓한 진료실에서 들락날락하는 환자들과 간호조무사가 전부이다. 이렇게 만나는 사람들은 원장과 소통이 가능한 사람들이 아니다. 그야말로 공간적으로도 사회적으로도 고립되어 있다. 그나마 소통이 가능한 곳은 가끔 만나는 의사 동기들 모임이다 보니 사고의 확장이 어렵다. 독서를 통해 식견을 넓힐 수도 있으나 과로로 인해 이것도 쉽지 않다. 이러한 의사들의 심리적, 환경적 폐쇄성으로 그들만의 모임에서는 의사결정의 쏠림이 있고 그 결과가 합리적이지 않은 경우가 많다. "누구는 어디에 투자를 했다더라" "누구는 매출이 얼마인데 세금은 한 푼도 안 냈다더라" "누구는 기장료가 얼마라더라" 등 종합적으로 판단을 해야 할 사항들을 단순 비교만으로 어리석은 결정을 내리는 경우가 종종 있다.

의외로 대한민국 최고 지식인층으로 분류되는 의사들이 경제·경영·시사 등 세상 돌아가는 상식에 문외한인 경우를 많이 본다. 상담을 하거나 대화를 하다 보면 사유하지 않는 티가 적잖이 난다. 변명을 대신하자면 그들의 상황이 장시간의 근로로 녹록지 않아 일 이외의 여유시간을 물리적으로 확보하기가 힘들기 때문이리라. 그래서 흡연과 음주에 의지하는 경우가 의외로 많고 가끔 골프를 치는 정도가 여가의 전부인 것 같다.

하지만, 개원한 의사일수록 다양한 분야의 독서와 인간관계 확장을 통하여 편협함을 벗어났으면 하는 바람이다. 그러기 위해서는 진료시간을 제외한 여유시간의 확보는 필수라고 본다. 병원 간 경쟁이 얼마나 치열한데 모르는 소리라고 할 수 있지만 결국 포기하는 것이 있으면 얻는 것이 있다.

내가 아는 A병원은 병원 내 여러 원장 중에 진료를 보지 않고 경영을 비롯한 행정업무만을 담당하는 원장이 있는 병원이다. 그 병원은 노동을 통해 벌어들이는 행정원장의 인건비를 훨씬 초과하는 매출의 지속적인 성장이 있다. 전체적인 관리가 잘되다 보니 병원의 효율성이 극대화되는 것이다.

반대로, 이러한 관리자 역할을 하는 행정원장이 없는 B병원은 세 명의 공동원징 모두가 진료에민 매달리다 보니 극힌의 노동시간에도 불구하고 병원의 매출은 정체 상태를 벗어나지 못하고 있다. 게다가 의사결정 시간이 느리고 조직 관리의 비효율이 커 인건비와 관리비가 지속적으로 증가하여 수익성이 점점 악화되고 있다. 내가 볼 때 이 병원은 잉여인력을 비롯하여 낭비하는 비용이 너무 많다. 만약 B병원이 일주일에 3~4시간이라도 진료를 하지 않고 경영과 행정업무만을 담당하는 원장이 있다면 충분히 성장할 수 있고 수익성도 개선될 텐데 안타까울 따름이다. 그들은 근시안적으로 노동의 기회비용을 포기하지 못해 숲을 보지 못하고 있는 듯하다.

자본주의에서 돈의 핵심적 기능은 나의 노동 투입시간을 줄이는 것이다. 돈보다 중요한 것이 시간임을 잊지 말고 레버리지의 원리를 깨

달아 활용함으로써 진료시간이 줄어들수록 수익성이 올라가는 마법을 경험하기 바란다. 그러면 만성적인 원장님들의 고립감은 자연스럽게 해소될 것이다.

## 📬 세무광고의 진실

초록 검색창에 세금신고와 관련한 검색어를 치면 '세○○', '삼○○'과 같은 수많은 플랫폼 회사들이 검색어 최상단에 자리하며 '기장료 1년 무료', '세무비용 100만 원 절약' 등과 같은 자극적인 문구를 내걸고 광고를 하고 있다. 과연 이들의 정체는 무엇일까? 이 업체들은 정말 이렇게 저렴한 비용으로 나의 장부작성과 세금신고를 알아서 해줄까? 대답은 '아니오'다.

이러한 플랫폼 세무대리 업체들은 광고를 통해 거래처를 모아 결국 개인 세무사사무실에 할당을 해준다. 당연히 적지 않은 중간 알선 수수료에 해당하는 플랫폼 수수료를 제휴한 세무대리인으로부터 청구한다. 그 결과 거래처를 할당받은 세무대리인의 수익률은 매우 낮은 구조가 된다. 당연히 이러한 시스템은 박리다매가 되지 않으면 지속가능성이 없다. 그렇다면 시간을 투자하여 용역을 제공하는 세무사사무실의 입장에서 수수료가 이렇게나 낮아진 업체나 개인에게 제대로 된 서비스를 제공할까?

명심해야 한다. 플랫폼은 단순한 영업 도구일 뿐이다. 무언가 새로운 전산시스템이 있거나 혁신기술이 있는 것이 아니다. 바로 우리 동네에 흔히 볼 수 있는 세무사사무실의 신입 직원이 할당받아 나의 세금신고를 날림으로 처리한다고 생각하면 된다. 실제로 이러한 플랫폼을 통해 신고가 된 업체들은 신고 오류가 많아 재신고를 한 사례가 많다. 나의 경우도 세무 플랫폼을 통해 신고한 업체를 이관받아 수정신고 하느라 애를 먹은 적이 있다.

　특히, 업무가 일반적이지 않은 병의원의 경우에는 위와 같은 플랫폼을 이용하여 세무대리를 의뢰하는 것은 매우 위험하다. 이런 플랫폼은 주로 갓 개업했거나 영업력이 낮아 거래처가 많지 않은 소위 '아쉬운' 세무대리인들이 제휴를 하는 경우가 많으므로 더욱 그렇다. 김앤장법률사무소가 광고하는 것을 본 적이 있는가?

　기억해야 할 것은 현재의 국세청 시스템과 더존, 세무사랑pro와 같은 세무대리인의 프로그램을 활용한 신고 방법에는 그것을 넘어서는 혁신은 아직 없다는 것이다. 언젠가는 국세청이 알아서 우리의 모든 소득을 파악하여 자동으로 납부서를 보내주어 세무대리인의 신고가 필요 없는 세상이 올지도 모르겠지만 아직은 아니다. 따라서 플랫폼을 비롯한 기타 세무대리 관련 광고는 대부분 허상이다. 세금신고는 언제 어디서나 세무사사무실의 한 직원이 시스템에 정해진 방법으로 세무 프로그램을 이용하여 일을 해야만 하기 때문이다.

## 📬 '환급의 유혹' 그 실체는?

최근 몇 년 전부터 병의원을 비롯한 사업자들은 '○○택스', '○○세무컨설팅' 등의 이름을 한 업체들로부터 전화, 이메일, 팩스를 망라하여 '수천만 원 세금 환급', '경정청구 대행', '5년 치 세금 돌려드림' 등과 같은 자극적인 문구를 한 광고 세례를 받고 있다. 과연 이들의 말이 진실일까?

병의원 절세의 비법은 언제나 조세특례제한법에 있다. 이 법에는 여러 가지 항목의 세액공제와 감면이 있어 적용 대상이 되면 세금이 크게 줄어든다. 하지만 그동안 세무대리인 입장에서는 저렴한 기장료를 받고 번거롭고 복잡한 세액공제신청서를 작성할 이유는 없었다. 어차피 고객은 세액공제가 있는지조차 모르고 세액공제 신청 수수료를 받기도 쉽지 않으니 '안 해주고 안 받는다'는 생각으로 세무대리인들은 신청해주지 않았다. 당연히 수천만 원의 세금을 절세받을 수 있음에도 고객은 이 사실을 영원히 모른 채 고스란히 세금을 납부한 경우가 많았다.

하지만, 2018년에 청년고용증대 세액공제와 고용창출투자 세액공제를 통합한 '고용증대 세액공제'가 신설되면서 상황이 달라졌다. 사업자가 직원 한 명을 추가 채용 시에 700~1,200만 원의 세금 지원을 받을 수 있게 되어 절세액 자체가 무시할 수 없는 금액이 되었기 때문이다. 그 결과 대부분의 세무대리인이 여러 가지 이유로 세액공제를 신청하지 않은 사업체를 타깃으로 환급액의 40%가량의 어마어마한 수수료를 노리고(?) 전국적으로 환급대행 업체들이 난립하게 되었다. 납세자의 입장에서는 수수료를 지출하더라도 갑자기 60%의 거액의 환급액이 발생하니 공돈을 받은 것처럼 기쁘다. 그럼 좋은 거 아닌가?

하지만 내 생각은 그렇지 않다. 고용 관련 세액공제 감면을 신청하게 되면 신청보다 중요한 것이 사후관리이다. 사후관리가 되지 않아 상시근로자의 변동으로 몇 년 동안 받은 혜택을 일시에 추가 납부해야 하는 경우도 발생한다. 외부 업체가 경정청구의 형태로 환급신청을 할 때 복잡한 세법 규정을 지키며 정확하게 신고서를 작성 가능한지도 의문이지만, 이들의 용역은 일시적이라 사후관리가 불가능하다. 다시 말해 책임을 지지 않는다는 뜻이다.

그렇다면 어떻게 해야 할까? 당연히 첫 번째 순서는 현재의 세무대리인에게 조세특례제한법상 세액공제 및 감면의 신청여부를 확인하고 신청이 되지 않았다면 우선 경정청구를 요청해야 한다. 당연히 정당한 수수료는 지급하자. 만약 세무대리인이 경정청구에 대한 경험이 없거나 능력이 되지 않는다면 그다음 순서로 세무대리인을 교체하는 것이 맞다.

왜 이런 업체들이 난립하는지 곰곰이 생각해본 적이 있다. 결국 근본적인 원인은 업계에 팽배한 저가 수수료 체계 때문이다. 고객은 지속적으로 수수료를 비교하며 낮은 곳으로만 세무대리인을 옮겨 다니다 보니 세무대리서비스의 질은 안드로메다로 간 지 오래다. 오랜 시간

업계에 종사하며 나는 소탐대실하는 사업주들을 수없이 보아왔다. 하지만 그들을 탓할 생각은 없다. 오히려 거래처 수 늘리기에 혈안이 되어 덤핑 수수료를 마다하지 않는 세무대리인들의 책임도 크다고 본다. 서비스의 모든 가격에는 품질이 따라오는 법이므로 결국 피해는 저가 수수료를 낸 납세자에게 돌아간다.

요약하면, 수천만 원에서 많게는 수억 원의 환급액이 발생하는 세액공제는 지속적으로 관리 가능한 나의 세무대리인에게 정당한 대가를 지불하고 요청하는 것이 합리적이다. 그리고 전국 단위로 휩쓸고 있는 환급대행 세무대리인 및 사무장들에게 이제는 시장을 교란하는 건강하지 못한 무분별한 영업 행위는 멈추고 본업에 충실하라고 당부하고 싶다. 물론 한 건만으로도 1년 치 기장수수료 이상의 수입이 되니 너도나도 앞다투어 뛰어들고 있지만 직업윤리와 사업의 지속가능성을 생각한다면 결코 올바른 길이 아님을 확신한다.

# 제 2 장
# 지稅지기 백전백승
## 개원의의 절세 기본상식

## 🔖 소득세를 내는 기본 구조는?

　페이닥터는 근로자이고 개원의는 사업자다. 근로자는 매달 소득세를 원천징수한 후의 급여를 받고, 사업자는 일 년에 한 번 소득세를 납부하다 보니 동일한 세율을 적용받음에도 불구하고 사업자가 느끼는 납세 부담이 더 크다. 즉, 사업자들은 줬다 뺏기는 기분이 들어 조세저항이 근로자보다 클 수밖에 없다.

　하지만 느낌과 사실은 엄연히 다르다. 근로소득자와 달리 사업소득자들은 그 구조를 알면 충분히 절세할 수 있는 여지가 많다. 따라서 개원의인 사업자들이 소득세가 어떠한 과정으로 산출되는지 아는 것은 병원을 운영하는 데 큰 도움이 된다.

**종합소득세의 계산 구조**

| | |
|---|---|
| 총수입금액 | 부가세 신고와 면세사업자 신고로 매출 확정 |
| − 필요경비 | |
| = 사업소득금액 | 타 소득과 합산하여 종합소득금액 산출 |
| − 소득공제 | 인적공제 등 반영 |
| = 과세표준 | |
| × 세율 | 8단계 초과누진세율 |
| 산출세액 | |
| − 세액공제·감면 | 소득세법·조특법상 세액공제·감면 |
| 결정세액 | |
| + 가산세 | 신고불성실, 무기장가산세 등 |
| − 기납부세액 | 중간예납세액, 원천징수세액 등 |
| 납부세액 | 1,000만 원 초과 분납가능 |

종합소득세는 총수입금액에서 필요경비를 차감한 사업(종합)소득금액에 소득공제를 적용하여 과세표준을 산정하고, 해당 과세표준에 6~45%의 구간별 세율을 적용한 산출세액에 세액감면 및 세액공제를 적용하여 계산된다는 것을 알 수 있다.

 따라서 최종 결과치인 납부세액의 최소화를 위해서는 차감항목인 필요경비, 소득공제, 세액공제·감면을 최대화하는 것이 핵심이다.

 아는 만큼 보이는 법! 각각의 차감항목에는 무한한 절세 방법이 숨어 있다. 따라서 기본적인 과세구조를 파악하지 않고 증빙관리나 각종 공제 항목들을 챙기지 못하여 엄청난 소득세 폭탄과 가산세를 부담하는 사업자들을 보면 참으로 안타깝다.

 특히, 과거에 주먹구구식으로 소득세를 신고하여 만성적으로 탈세가 많았던 프리랜서나 개인사업자들에 대한 과세감독이 엄격해지고 있어 사업자들도 무조건 세금을 안 내는 것이 최고라는 식의 잘못된 납세의식의 개선이 필요한 시점이다.

## 🏥 우리 병원의 세금 구조 제대로 알기

상담을 하다 보면 사업을 다년간 해온 원장들은 어느 정도 세금과 관련된 기본 용어 및 구조를 경험적으로 알고 있는 반면, 개원을 준비 중인 의사들은 사업자가 되면 1년간 무슨 세금을 내야 하는지 전혀 몰라 막연한 두려움만을 갖고 있는 경우가 많다.

비록 세금 관련 업무는 세무대리인에게 맡겨두더라도 기본적인 세금 산출에 대한 지식은 갖추어 병원의 전체 현금흐름 계획에 세금이 포함되도록 해야 한다.

사업자가 세금을 납부하게 되는 기본 흐름은 아래와 같다.

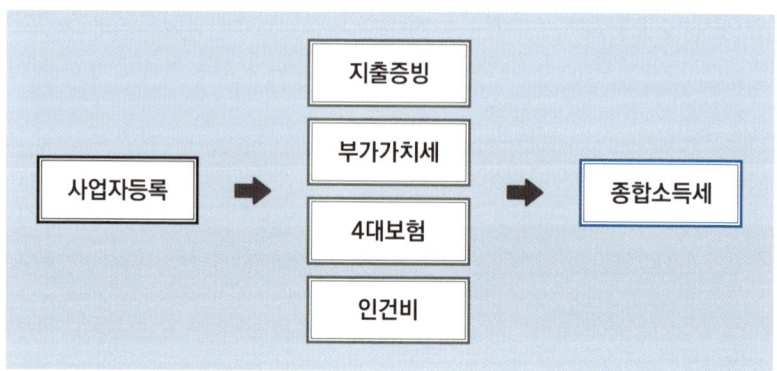

### ◆ 결승점은 종합소득세

매월 5월(성실신고자 6월)이 되면 사업자들은 1년간 소득을 결산한 종합소득세를 신고한다. 이것은 과거 1년간 신고된 부가가치세와 인건비 신고액 및 지출증빙을 기준으로 산출된다. 따라서 신고기간인 5월에 와서야 종합소득세를 줄여달라고 담당 세무대리인에게 떼를 써봤자 소용이 없다.

### ◆ 부가가치세와 증빙 챙기기

사업자는 1월과 7월, 면세사업자는 2월에 부가가치세 신고를 한다. 가끔씩 부가가치세 신고 시에 세무사들이 당황하는 상황은 거래처에서 부가세가 왜 이렇게 많이 나왔냐며 줄여주지 않으면 세무대리인을 교체하겠다고 화를 내는 경우이다. 이는 세금에 대한 기본적인 무지로 인한 것으로 거래 시에 이미 확정된 부가가치세를 신고기간에 줄여달라는 것은 어불성설이다.

따라서 부가세의 원리를 알고 세금계산서뿐만이 아니라 신용카드매출전표 또는 현금영수증을 지출증빙으로 미리 잘 챙겨두는 것, 그것이 부가가치세를 줄일 수 있는 최고의 방법이다.

과거에는 부가세 신고기간에 불법 자료를 준비하여 세금을 줄이는 사업자도 있었으나 요즘에는 국세청 감시망이 매우 촘촘하여 큰 문제가 되는 경우가 많으므로 절대 추천하지 않는다.

### ◆ 인건비와 4대보험 신고하기

부가가치세 신고만큼 중요한 것이 직원에 대한 인건비 신고와 4대보험 신고이다. 최근에는 국세청과 공단이 데이터를 공유하다 보니 어느 한쪽도 소홀히 할 수 없는 상황이다. 따라서 4대보험이 아까워 급여 신고를 제대로 하지 않을 경우 소득세 폭탄뿐만 아니라 4대보험 추징이라는 이중고를 겪게 된다는 것을 잊지 말아야 한다.

병의원의 가장 흔한 사례는 창업 초기에 페이닥터의 급여에 대한 4대보험이 부담스러워 급여의 일부분만을 인건비로 신고하고 나머지는 현금으로 지급하는 경우이다. 하지만 이는 필연적으로 수년 내에 경비가 부족하여 낭패를 보게 되니 주의하자.

한편, 일 년 동안 일시적으로 지급한 아르바이트 직원의 인건비나 프리랜서 인건비 등도 놓치지 않고 꼼꼼히 챙겨서 신고해야 한 푼이라도 소득세를 절약할 수 있다.

요약하면, 사업자의 세금신고는 사업자등록에서 출발하여 소득세 신고라는 도착지점에 이르는 과정이다. 이를 위해 올바른 부가가치세, 인건비 및 4대보험 신고가 뒷받침되어야 한다. 개원의라면 이 정도 기본틀은 숙지하고 사업에 임하는 것이 예상치 못한 손실을 줄일 수 있는 길이다.

## 📑 지출증빙 제대로 알기

종합소득세에서 세금을 결정짓는 것은 비용이다. 비용을 입증하기 위해서는 돈을 지출했다는 일정한 형식의 증명서류가 필요하다. 이것을 우리는 지출증빙이라고 부른다.

흔히 우리는 '영수증을 잘 모아야 세금이 줄어든다'고 알고 있다. 여기서 영수증이란 지출증빙을 의미하는 것으로 영수증에는 여러 가지 종류가 있지만 세법에서는 다음의 4가지만을 인정한다.

### 법적 지출증빙의 종류와 우선순위

사업을 하면서 돈이 통장에서 지출될 때에는 반드시 위의 4가지 중 하나의 지출증빙을 받아야 한다. 하지만, 지출증빙이라고 해서 다 똑같은 것은 아니다. 즉, 법적증빙들은 평등하지 않다! 일반적으로 위의 순서대로 우선순위가 있으니 되도록이면 세금계산서를 수령하는 것이 좋다. 왜냐하면 과세관청은 신용카드보다 세금계산서를 증빙으로서 더 신뢰하기 때문이다.

최근에는 영업비용 등 사업용 지출비용을 신용카드로 결제하는 경우가 많으나 카드사용액은 자칫 가사 관련 사용액으로 추정되어 소명을 해야 하거나 경비 인정이 안 되는 경우가 종종 있으니, 사업용 지출액은 세금계산서로 발급받는 것을 추천한다.

그렇다면 사업상 경비를 지출할 경우 위의 법적증빙을 수취하지 못하면 어떻게 될까?

〈사례〉

성형외과를 운영하는 홍절세가 직원들의 간식 제공을 위하여 치킨을 주문하고 3만원 현금지출 후 간이영수증을 수령했다면?

| 증빙 종류 | 부가세환급액 | 비용처리 금액 | 절세액 (세율 38.5%) | 순현금흐름 |
|---|---|---|---|---|
| 간이영수증 | 0 | 30,000원 | 11,550원 | -18,450원 |
| 신용카드 | 2,727원 | 27,273원 | 10,500원 | -16,773원 |

이와 같이 법적증빙을 수령하지 못하여 10%에 해당되는 부가가치세를 환급받지 못하는 것은 영업현금흐름에 적지 않은 영향을 미친다. 하지만 사업자들은 이를 대부분 인지하지 못하고 대수롭지 않게 여긴다. 만약 홍절세와 같이 과세매출 비중이 높은 병원이라면 부가세 환급의 힘을 잊으면 안된다.

참고로, 사업용으로 현금을 지출하는 경우에는 전화번호가 아닌 사업자등록 번호로 지출증빙용 현금영수증을 발급받아 부가세 환급 및 경비 인정을 꼭 받도록 하자.

## 표준소득률을 알면 세금이 보인다

앞에서 언급한 표준소득률을 병원으로 범위를 좁혀 알아보자. 무조건 세금을 적게 내는 것이 안전할까? 그렇지 않다. 국세청은 업종에 따른 소득률 자료를 별도로 데이터화하여 관리하고 있다. 따라서 사업자 등록 시에 업종 코드의 선택이 매우 중요하며 이에 따른 나의 표준소득률을 항상 인지하고 있어야 한다.

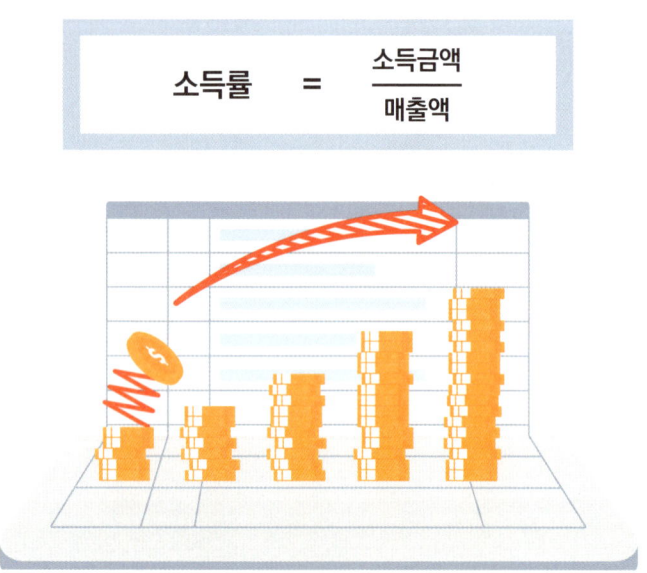

소득률은 매출에서 모든 비용을 뺀 사업자의 순이익의 매출액 대비 비중을 의미한다. 따라서, 업종마다 평균적인 이익률이 있으므로 과세관청은 이를 기준으로 매출 누락, 비용 과다산입 등을 판단한다. 병의원이 속한 보건업도 병과마다 표준소득률의 차이가 크다.

**주요 병과별 표준소득률**

| 업종 | 표준소득률 | 업종 | 표준소득률 |
|---|---|---|---|
| 내과, 소아과 | 29.5% | 마취과, 가정의학과, 재활의학과 | 32.9% |
| 정형외과, 신경외과 | 25.2% | 이비인후과 | 26.9% |
| 정신과 | 26.1% | 성형외과 | 57.3% |
| 피부과, 비뇨기과 | 31.7% | 산부인과 | 35% |
| 안과 | 30.5% | 치과 | 38.3% |

자료: 2022년 국세청 고시 단순경비율로 산출

그러므로 사업자는 자신이 속한 업종코드의 소득률을 알고 대략적인 '마진율'에 대한 감을 잡고 있어야 매출에 따른 세금을 예측할 수 있다.

실무적으로는 '표준소득률 = (1 - 단순경비율) × 100'을 기준으로 신고 세액의 적정성을 검토한다.

〈사례〉

> 홍절세는 치과의원을 개원한 지 3년 차에 접어들었다. 지난해 신고한 소득률이 25%였다면 올해는 어떠한 의사결정을 해야 할까?

치과의원의 표준소득률이 38.3%이므로 작년에 신고한 홍절세의 비용은 업종 평균 대비하여 과다하다고 볼 수 있다. 이럴 경우 홍절세는 매출누락, 가사 관련 경비 산입 등을 의심받아 불필요한 세무간섭을 받을 수 있다.

일반적으로 개업한 지 3년이 경과하게 되면 특별한 경우가 아니면 업종 평균소득률에 수렴하므로 홍절세의 경우 개인적으로 사용한 카드 사용액이나 중복 처리된 비용이 산입되지 않았는지 체크해보아야 한다.

최근에는 국세청에서 파악하고 있는 소득률이 지역별·업종별로 더욱 세분화되어 분석, 관리되고 있다. 그 결과 본인이 속한 지역의 업종 평균소득률을 국세청의 신고 안내장에서 확인할 수 있게 되었다. 나의 소득률과 항상 비교해보자.

한편, 경영리스크 중의 하나인 세무조사 가능성을 줄이기 위해서는 단순한 장부작성을 위한 세무대리위탁보다 지속적인 소득률 관리가 가능한 월 결산, 분기 결산과 같은 재무 아웃소싱서비스에 투자하는 것도 현명한 방법이라도 본다. 우리는 측정할 수 없으면 관리할 수 없기 때문이다.

## 📋 절세는 디테일에 있다!

사업자들이 합법적으로 세금을 줄일 수 있는 여러 가지 방법 중 시간과 노력이 가장 적게 드는 절세 방법이 있다. 상담을 하다 보면 업력이 오래된 사업자 중에서도 의외로 간단한 이 절세 방법을 모르고 있는 경우가 많아 내심 놀랄 때가 종종 있다.

절세의 기본 원칙은 비용을 지출할 때 앞서 언급한 지출증빙을 놓치지 않고 챙기는 것이다. 그것도 되도록 세금계산서로 발급받아 사업용임을 입증하면 더 좋다.

작지만 쏠쏠한 대표적인 비용이 휴대폰 요금이다. 사업자 중에서 휴대전화 사용료가 월 10만 원이 안 되는 사람은 거의 없다. 10만 원이 넘는다는 것은 매월 1만 원 정도의 부가가치세를 내고 있다는 뜻이다.

이동통신업체에 사업자등록증과 신분증을 보내는 간단한 절차만으로 세금계산서 발급이 되어 부가세 전액 환급과 경비처리로 인한 절세를 할 수 있다. 물론 최근엔 카드 결제가 많아 원장이 따로 챙기지 않아도 세무대리인이 경비처리를 알아서 해주기도 하지만 제대로 처리가 되고 있는지는 한번 체크해볼 일이다.

**놓치면 안 되는 소소한 비용**

인터넷 사용료, 전화요금, 정수기 렌털료, 복합기 사용료, 휴대전화 사용료 놓치기 쉬운 또 다른 비용은 경조사 관련 비용이다. 의외로 영업상 거래처 등의 경조사에 지출되는 축의금이나 조의금이 적게는 수십에서 많게는 수백만 원이 지출되더라도 비용처리 되지 못한 채 넘어가는 경우가 많다.

**경조사 관련 비용**

청첩장, 부고장, 개업초대장 1장당 최대 20만 원

요즘에는 모바일 청첩장과 부고문자가 보편화되어 휴대전화 캡처 기능을 활용해 지출 근거를 남겨놓으면 접대비로의 경비처리에 문제가 없다.

〈사례〉 피부과를 운영하는 홍절세가 놓치기 쉬운 경비

| 1년 지출 항목 | 지출 금액 | 부가세환급액 | 소득세절세액 (세율 38.5%) | 총절세액 |
|---|---|---|---|---|
| 원장 휴대폰 | 120만 원 | 11만 원 | 42만 원 | 53만 원 |
| 직원 업무용 휴대폰 | 250만 원 | 23만 원 | 87만 원 | 110만 원 |
| 정수기 렌털료 | 42만 원 | 4만 원 | 15만 원 | 19만 원 |
| 복합기 사용료 | 144만 원 | 13만 원 | 50만 원 | 63만 원 |
| 청첩장 12장 | 240만 원 | | 92만 원 | 92만 원 |
| 부고문자 5건 | 100만 원 | | 39만 원 | 39만 원 |
| 합계 | 896만 원 | 51만 원 | 325만 원 | 376만 원 |

무시하고 넘어가기에는 절세액이 적지 않은 금액이다. 하지만 실무에서는 대부분 개업 시에 제대로 챙기지 않아 사소하지만 지속적으로 발생하는 위와 같은 지출증빙들이 누락되는 경우가 많다.

괜히 소득세 신고기간이 임박하여 세금이 많이 나온다고 애꿎은 세무사사무실에 화를 내거나 불법적인 매입 자료를 찾지 말고 합법적인 범위 내에서 최대한 절세하는 것이 병원 운영의 지속가능성을 높이는 지름길이라 생각한다.

## 🗂️ 기장대리와 신고대리는 어떻게 다를까?

사업자 중 복식부기의무자는 매년 국세청에 재무제표를 작성하여 제출해야 하므로 세무사나 회계사 등의 세무대리인이 반드시 필요하다. 특히 병의원과 같은 전문직 사업자들은 매출 규모와 상관없이 복식부기로 장부를 작성해야 하므로 세무사사무실에 신고대리라는 일시적 용역을 맡길 수 없고 기장대리계약을 선택해야만 한다. 하지만 병원의 원장들은 재테크의 수단으로 상가임대업, 주택임대업 등을 하는 경우가 많아 병원의 세무대리인에게 임대업의 신고대리를 함께 맡길 때가 있다.

그렇다면, 세무대리계약을 체결하지 않고 신고기간에만 일시적으로 세무 신고 대행을 맡기는 신고대리와 기장대리는 절세액에 차이가 있을까? 그렇다. 세무대리업을 하는 세무사와 회계사는 거래처를 기장대리 업체와 신고대리 업체로 명확하게 구분한다.

왜냐하면 각각 제공하는 서비스의 깊이와 범위가 전혀 다르기 때문이다.

| 신고대리 | 기장대리 |
|---|---|
| 부가가치세 신고나 종합소득세 신고 시 납세자가 제시한 자료를 신고서 양식에 맞게 분류하여 작성 후 신고만을 대리하는 서비스 | 세금신고에 필요한 장부를 복식부기로 작성하여 세금을 신고하는 서비스 |
| 일시적 용역 | 지속적 용역 |

기장대리와 신고대리는 세금을 신고하는 방법론 자체가 다르다.

> 신고대리는 세금신고 형식에 문제가 없도록 하는 최소한의 서비스

> 기장대리는 장부를 작성하여 합법적인 범위 내에서 여러 가지 절세전략을 세울 수 있는 서비스

### 기장대리서비스 혜택

① 절세
영세 업체라도 복식부기 장부를 작성하면 여러 가지 절세전략이 가능하고 기장세액공제를 받을 수 있어 최소 100~300만 원 이상의 기장수수료를 초과하는 절세가 가능함

② 인건비 신고
- 신고대리는 인건비 신고가 누락되므로 절세가 불가능함
- 매달 10일까지 정규직, 비정규직, 일용직 등의 원천징수이행상황신고서를 작성 대행함
- 매년 직원의 연말정산업무를 대행함

③ 4대 보험과 노무관리
- 직원의 입퇴사와 같은 공단에 신고해야 할 4대 보험업무를 대신해주어 업무 편의가 큼
- 기본적인 노무상담을 추가 비용 없이 받을 수 있음

실무에서 경험해보면 매월 지출되는 기장대리수수료가 아까워 신고대리를 고집하는 원장들을 보게 된다. 하지만 신고대리는 일시적 용역이므로 경비 관리가 되지 않는다. 임대업이라도 장부만 잘 작성하면 최소 수십에서 수백만 원의 절세가 가능함에도 불구하고 인건비 누락 및 카드사용액 미산입 등으로 세금 폭탄을 맞아 소탐대실하는 경우를 보면 안타까울 따름이다. 절세액에 비하면 '기장료는 공짜'인데 말이다. 언제나 세무사무실과의 친밀도와 절세액은 비례한다.

# 제 3 장
# 업무용 승용차 제대로 알기

### 왜 이 제도가 생겼을까?

한때 만연했던 고가의 업무용 승용차의 무분별한 사적 사용과 비용 처리 관행을 막기 위하여 2016년부터 정부는 사업자들이 업무용으로 사용하는 승용차에 대하여 비용 규제를 강화하였다.

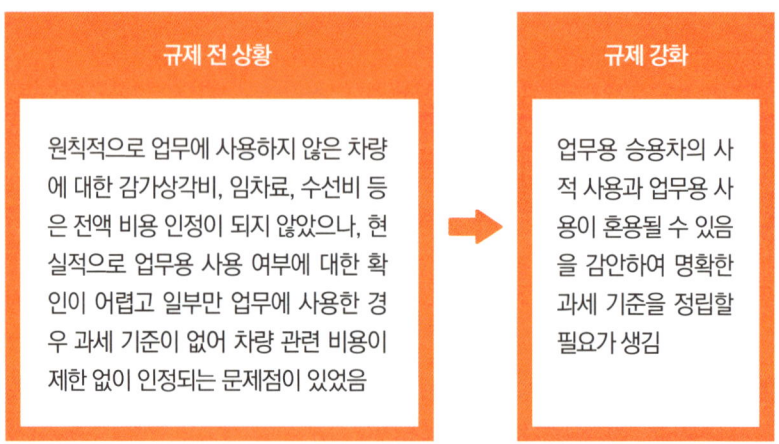

돈에는 꼬리표가 없다 보니 그동안에는 사모님이 벤츠를 타고 백화점 쇼핑을 다니거나 대표가 주말에 포르쉐를 타고 낚시를 가서 발생한 차량 관련 비용까지도 사업자들은 모두 경비처리를 하여 엄청난 절세 효과를 누렸다. 이는 전형적인 개인적 비용의 사회적 전가로 근로소득자와의 과세 형평에 어긋난다.

세무대리인 입장에서는 규제의 증가로 업무용 승용차와 관련한 업무가 크게 증가하여 번거롭기는 하지만 이 제도를 통하여 조금이나마 공평과세라는 조세 정의가 실현된 것은 부인할 수 없는 사실이다.

## 📋 어떤 차종이 규제 대상일까?

의외로 많은 사업자가 본인의 차가 업무용 승용차 규제 대상이 아님에도 불구하고 규제 대상으로 착각하여 운행일지를 쓰거나, 반대로 규제 대상임에도 운행일지를 쓰지 않는 경우가 종종 있다. 그렇다면 가장 구체적인 질문으로 들어가 규제 적용 대상 차량은 어떤 것일까?

**개별소비세법 제1조제2항제3호에 해당하는 승용차**

가. 배기량이 2천시시를 초과하는 승용자동차와 캠핑용자동차

나. 배기량이 2천시시 이하인 승용자동차(배기량이 1천시시 이하인 것으로서 대통령령으로 정하는 규격의 것은 제외한다)와 이륜자동차

다. 전기승용자동차(자동차관리법 제3조제2항에 따른 세부기준을 고려하여 대통령령으로 정하는 규격의 것은 제외한다)

법인세법 제27조의2, 소득세법 제33조의2

즉, 세법에서 규제하는 업무용 승용차란 개별소비세가 과세되는 차량이다. 위의 개별소비세 과세차량을 쉽게 요약하면 다음과 같다.

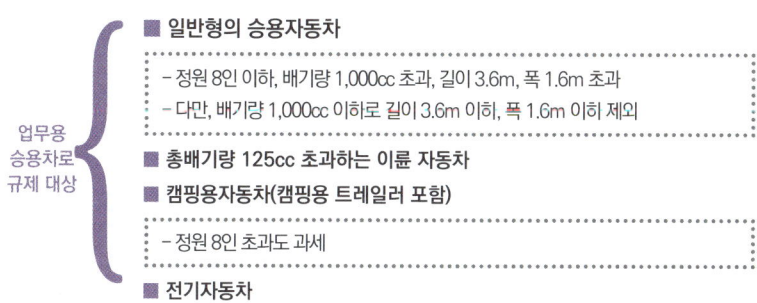

만약, 정원이 9인 이상 승용차이거나 경차라면 본 규정을 신경 쓸 필요가 없다. 왜냐하면, 이 차량들의 관련 비용은 전액 경비처리가 되기 때문이다. 흥미롭게도 요즘 증가하고 있는 캠핑카는 정원에 관계없이 업무용 승용차에 해당된다.

그렇다면 보다 구체적으로 제한 대상 승용차를 헷갈리기 쉬운 차종 위주로 알아보자.

| 회사명 | 명칭 | 차종 | 정원 | 규제 대상 여부 | 비고 |
|---|---|---|---|---|---|
| 현대 | 아반떼 | 승용 | 5 | ○ | |
| | 싼타페 | 승용 | 7 | ○ | |
| | 그랜드 스타렉스(왜건) | 승합 | 11 | × | |
| | 그랜드 스타렉스(밴) | 화물 | 3, 5 | × | |
| GM | 알페온 | 승용 | 5 | ○ | |
| | 윈스톰 | 승용 | 5~7 | ○ | |
| | 다마스 | 승합 | 5~7 | × | 경형 |
| | 라보 | 화물 | 2 | × | 경형 |
| | 마티즈 | 승용 | 5 | × | 경형 |
| 기아 | 모닝 | 승용 | 5 | × | 경형 |
| | 프라이드 | 승용 | 5 | ○ | |
| | 스포티지 | 승용 | 5 | ○ | |
| | 카니발 | 승용 | 7 | ○ | |
| | 카니발 | 승합 | 9, 11 | × | |

| 회사명 | 명칭 | 차종 | 정원 | 규제 대상 여부 | 비고 |
|---|---|---|---|---|---|
| 쌍용 | 렉스턴 | 승용 | 5, 7 | ○ | |
| | 카이런 | 승용 | 5, 7 | ○ | |
| | 액티언 스포츠 | 화물 | 5 | × | |
| | 로디우스 | 승용 | 9 | × | |
| | 로디우스 | 승합 | 11 | × | |
| 르노삼성 | SM3 | 승용 | 5 | ○ | |
| | QM5 | 승용 | 5 | ○ | |

특히, 밴 차량(운전석의 옆자리에만 사람의 탑승이 가능하고 뒷부분은 화물만 적재할 수 있는 구조)과 9인승 승합용 차량은 개별소비세 과세대상이 아니며 업무용 승용차 규제 대상도 아니다. 이와 같은 이유로 2016년 이후 카니발 승합 차량과 픽업트럭의 판매가 급증하였다. 만약, 카니발 승합을 구매하여 업무에 사용할 경우 관련된 모든 비용이 한도 없이 경비처리가 되므로 절세에 큰 보탬이 된다. 왜냐하면 카니발 승합은 세법에서 규정한 '업무용 승용차'가 아니기 때문이다.

## 💼 어떤 비용이 승용차 관련 비용일까?

자동차를 운행하다 보면 차량 구입비, 리스료, 렌털료 외에도 많은 추가 비용이 지출된다. 이 중 정부가 업무용 승용차로 규제하는 승용차 관련 비용에는 어떤 것이 있는지 알아보자.

사업에 직접 사용하는 차량에서 발생하는 비용 중 '업무용 승용차'에 해당하는 차량에서 발생한 모든 비용은 '업무용 승용차 관련 비용'에 해당한다.

### 업무용 승용차 관련 비용

> 복식부기의무자가 해당 과세기간에 업무에 사용한 개별소비세법 제1조제2항제3호에 해당하는 승용자동차를 취득하거나 임차하여 해당 과세기간에 필요경비로 계상하거나 지출한 감가상각비, 임차료, 유류비 등 중 업무용 사용 금액에 해당하지 아니하는 금액은 해당 과세기간의 사업소득금액을 계산할 때 필요경비에 산입하지 아니한다.

소득세법 제33조의2

차량을 구입할 경우와 리스나 렌털과 같이 임차할 경우에 따라 발생하는 비용을 세분화하면 다음과 같다.

|  | 직접 구입(할부) | 리스 | 렌탈 |
|---|---|---|---|
| 취득세 | ○ | × | × |
| 감가상각비 | ○ | × | × |
| 임차료 | × | 리스료 | 렌탈료 |
| 유류비 | ○ | ○ | ○ |
| 보험료 | ○ | ○ | × |
| 자동차세 | ○ | ○ | × |
| 수선비 | ○ | ○ | △ |
| 기타비용 | 통행료, 주차비, 대리기사비 | | |

 임차할 경우에는 리스료와 렌털료에 대부분의 비용이 포함되다 보니 직접 구입할 때보다 지출 항목이 적어 보이지만 총액으로 비교하면 큰 차이는 없다.

 참고로, 대리기사 비용은 업무용 승용차 관련 비용에 해당되나 운전기사의 급여는 인건비에 해당된다.

## 📋 승용차 관련 비용은 어떤 규제를 받을까?

과거에는 개인사업자나 법인은 차량의 종류나 지출 금액에 관계없이 전액 차량 관련 비용이 경비처리가 되어 많은 절세효과를 누렸다. 실질적으로 아무런 규제가 없다 보니 관련 비용에 대한 도덕적 해이가 만연하여 이에 대한 여론 악화가 동 규제를 만들었다고도 볼 수 있다. 그렇다면 2016년부터 업무용 승용차에 대하여 어떤 규제가 생겼을까?

법인세법과 소득세법은 아래와 같이 3가지 단계별로 업무용 승용차에 대한 비용을 규제한다.

|  |  |
|---|---|
| 1단계 | 차량유지비 중 비업무용으로 사용한 금액 필요경비 불산입 |
| 2단계 | 업무용으로 사용한 금액 중 감가상각비 한도 800만 원 초과금액 필요경비 불산입 |
| 3단계 | 처분 시 처분손실 800만 원 초과금액 필요경비 불산입 |

〈사례〉

**치과의사인 홍절세가 제네시스를 출퇴근 및 가사용으로 사용하는 경우**

| | |
|---|---|
| 1단계 | 주말에 가족여행으로 발생한 유류대, 통행료 등은 비업무용으로 경비처리가 되지 않음 |
| 2단계 | 1년 감가상각비가 1,000만 원이라도 800만 원까지만 경비처리가 됨 |
| 3단계 | 중고차시장에 싸게 팔아 850만 원 손해를 보았더라도 800만 원까지만 경비처리가 됨 |

감가상각비와 처분손실의 연 800만 원(초과액 이월)이라는 한도는 정부가 생각했을 때 소위 국민차인 쏘나타와 그랜저의 중간 정도 가격을 고려해서 만든 수치가 아닌가 생각한다. 하지만 인플레이션과 함께 차량 가격이 많이 상승한 2023년 현시점에서는 연 800만 원의 한도는 작은 듯하다. 사업용으로는 '그랜저 이상의 차는 타지 마라'라는 무언의 압력은 아닐까?

## 🛄 '업무용 사용'의 경계는 어디까지일까?

가족과 주말에 쇼핑을 하거나 낚시하러 갈 때 승용차를 사용한 것과 업무용으로 사용한 것은 어떻게 구분하여 지출된 차량 관련 비용을 경비처리할 수 있을까?

정부에서 내린 대안은 차량운행기록이다. 그 결과 업무용 승용차는 운행기록의 유무에 따라 비용처리 방법과 금액이 크게 달라진다.

그렇다면 '업무용 사용'의 범위는 어디까지인지 알아보자.

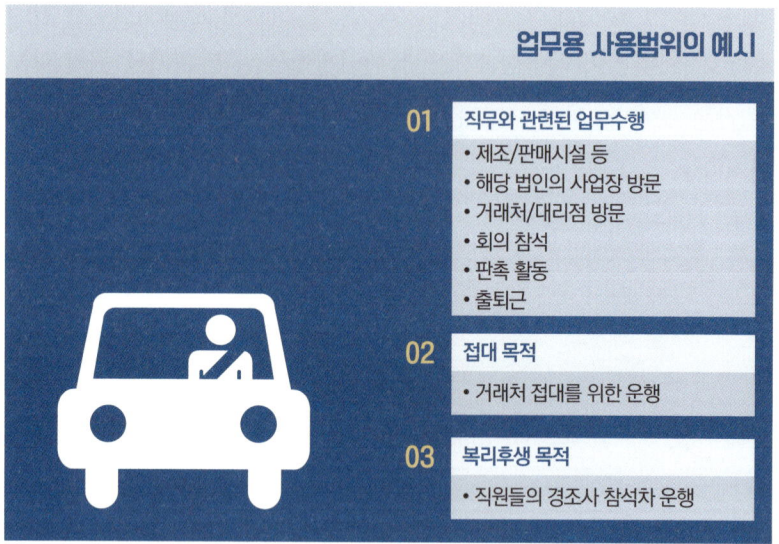

**업무용 사용범위의 예시**

**01 직무와 관련된 업무수행**
- 제조/판매시설 등
- 해당 법인의 사업장 방문
- 거래처/대리점 방문
- 회의 참석
- 판촉 활동
- 출퇴근

**02 접대 목적**
- 거래처 접대를 위한 운행

**03 복리후생 목적**
- 직원들의 경조사 참석차 운행

개업한 원장은 거래처를 다른 업종의 사업자들처럼 영업상 왕래할 일이 거의 없으므로 대부분 출퇴근용으로 업무용 승용차를 사용한다. 출퇴근도 엄연히 업무용으로 인정되므로 개인의원은 1~2대 정도의 업무용 승용차가 경비처리 가능하다.

업무용 사용 금액 계산 방법은 운행기록부 작성 여부에 따라 아래와 같다.

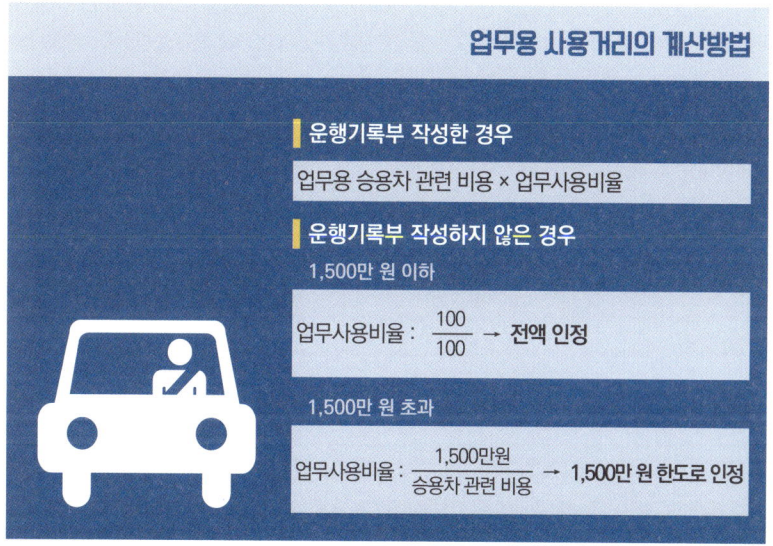

만약, 차량 관련 비용이 1대당 1년에 1,500만 원 이하인 경우에는 운행일지를 번거롭게 작성할 필요가 없다. 하지만 고가의 차량은 관련 비용이 1,500만 원을 대부분 초과하다 보니 업무용으로 사용하는 비중이 큰 경우에는 운행일지를 작성하는 것이 이익이다.

참고로 의료법인은 운행일지를 아무리 꼼꼼하게 작성하더라도 임직원 전용보험 가입이 필수요건이므로 전용보험 미가입 시에는 1원도 경비처리가 되지 않으니 주의하자.

## 🗂 운행기록부 작성법

업무용 승용차 관련 비용을 업무에 사용했다는 것을 입증하기 위해서는 운행일지를 작성해야 한다. 그렇다면 세법에서 요구하는 운행기록부는 어떻게 작성해야 할지 알아보자.

웬만큼 규모가 있는 회사가 아니면 임직원이 출장 시에 일일이 차량 운행기록을 남기지 않는다. 하지만 2016년부터는 사업의 경비로 추가 비용을 인정받기 위해서는 국세청이 고시한 서식에 따라 운행기록부를 작성해야 하는 번거로움이 생겼다.

### 업무용 승용차 운행기록 방법에 관한 고시

> 제2조(운행기록 방법 및 서식) 업무용 승용차 운행기록 방법은 별지 서식 업무용 승용차 운행기록부를 작성하는 것으로 하되, 별지 서식상의 차종, 자동차등록번호, 사용일자, 사용자, 운행 내역이 포함된 별도의 서식으로 작성할 수 있다.
>
> 제3조(업무목적 소명) 해당 개인사업자는 과세관청의 요청 시 업무용 승용차 관리규정, 출장명령서 등을 통하여 업무 목적을 소명하여야 한다.

운행기록부는 차량이 여러 대가 있더라도 1대당 각각 작성해야 하며, 법인세나 소득세 신고 시 제출해야 할 필수서류는 아니지만 과세관청의 요청 시에 즉시 제출해야 하므로 미리미리 작성하여 보관해두어야 한다.

| 사업연도 | | | 업무용승용차 운행기록부 | 법인명 | |
|---|---|---|---|---|---|
| | | | | 사업자등록번호 | |

**1. 기본정보**

| ①차 종 | ②자동차등록번호 |
|---|---|
| | |

**2. 업무용 사용비율 계산**

| ③사용 일자 (요일) | ④사용자 | | ⑤주행 전 계기판의 거리(km) | ⑥주행 후 계기판의 거리(km) | ⑦주행거리(km) | 업무용 사용거리(km) | | ⑩비 고 |
|---|---|---|---|---|---|---|---|---|
| | 부서 | 성명 | | | | ⑧출·퇴근용 | ⑨일반 업무용 | |
| | | | | | | | | |
| | | | | | | | | |
| | | | | | | | | |
| | | | | | | | | |
| | | | | | | | | |
| | | | ⑪사업연도 총주행 거리(km) | | | ⑫사업연도 업무용 사용거리(km) | | ⑬업무사용비율(⑫/⑪) |

    번거롭기 짝이 없는 이 일을 다행히 시동만 걸면 자동으로 운행일지가 작성되는 휴대폰 앱으로 해결할 수 있게 되었다.

    결국 운행기록부의 목적은 계기판의 실제 주행거리를 통하여 출퇴근 등의 업무사용비율을 추출하는 것이다. 하지만 거리측정만으로는 업무사용 여부를 확인할 수 없어 보조적 수단에 불과할 뿐이다. 한마디로, 규제로 인한 시간적 비효율성이 증가한 것 외에는 효과가 없는 것 같다. 하지만 사업자 입장에서는 업무사용비율이 높을수록 경비로 처리되는 금액은 증가하므로 작성하는 것이 유리하다.

### 업무용 승용차의 감가상각비는 어떤 규제를 받을까?
   - 소유하는 경우

　　회계사와 세무사는 감가상각비를 바라보는 관점이 완전히 다르다. 회계 기준은 자산을 취득한 후 감가상각비를 매년 지속적으로 인식하도록 규정하고 있지만, 세법은 회사의 자율적인 의사에 맡겨 감가상각비를 선택적으로 처리할 수 있도록 하고 있다. 나의 경우 감사인이 되었을 경우에는 감가상각비가 매년 기준에 맞게 인식되고 있는지 확인하지만, 세무사로서 세금신고를 대리할 때에는 회사의 절세전략에 맞게 감가상각비를 결정한다.

　　하지만, 업무용 승용차의 감가상각비는 다른 자산과 다르게 세법상 무조건 5년간 정액법으로 강제상각을 하도록 개정되었다.

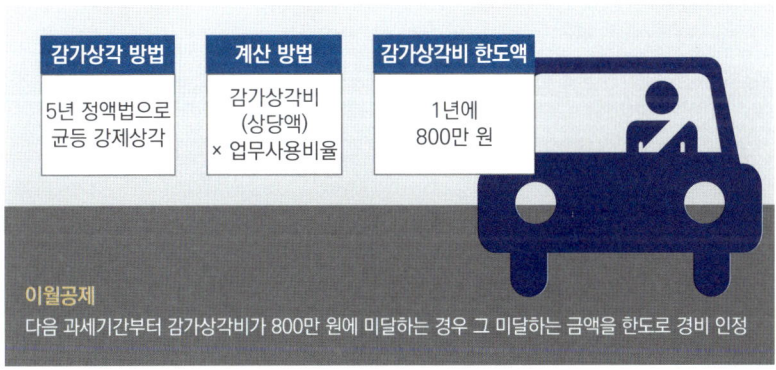

　　비록 업무용 사용 금액에 해당하는 감가상각비라 하더라도 승용차 1대당 800만 원을 초과하는 금액은 그해의 경비로 인정하지 않겠다는

취지이다. 따라서 고가의 차량은 감가상각기간이 늘어나게 된다.

　예를 들어, 1억 원의 벤츠를 구매했을 경우 100% 업무에 사용했다 하더라도 감가상각비를 전액 인정받기 위해서는 12.5년(1억 원 ÷ 800만 원)의 기간이 필요하다. 과거에는 4~5년에 걸쳐 2,000~2,500만 원이 매년 경비처리가 되었던 것에 비하면 감가상각비 한도가 생긴 것은 큰 변화가 아닐 수 없다. 물론 사업자에게 불리한 방향으로.

## 업무용 승용차의 감가상각비는 어떤 규제를 받을까?
### - 임차하는 경우(리스, 렌털)

차량을 리스하거나 렌털하게 되면 매월 리스료와 렌털료로 일정액이 지출될 뿐 감가상각비가 따로 구분되어 있지 않다. 그렇다면 리스료와 렌털료에 숨어 있는(?) 감가상각비는 어떻게 산출할까?

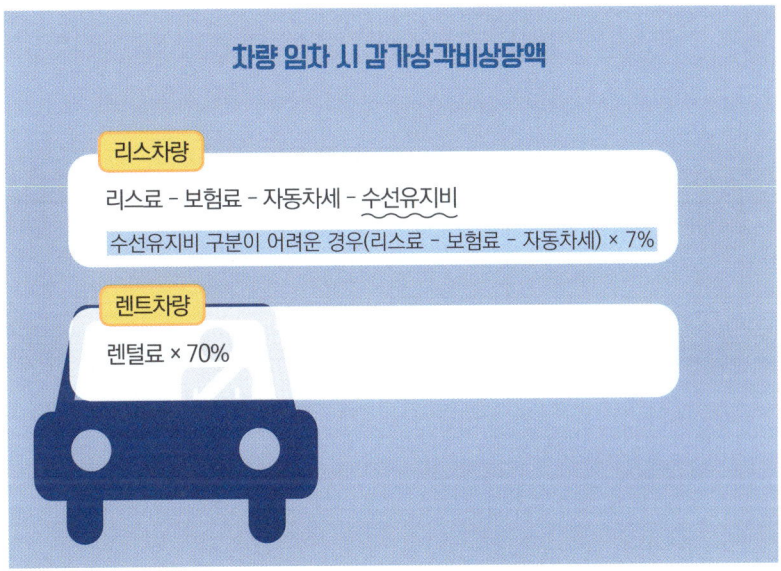

위와 같이 계산한 '감가상각비상당액'은 차량을 소유한 경우와 동일하게 연 800만 원의 한도 규정을 받는다. 또한 한도가 초과되어 이월된 감가상각비는 임차가 종료한 날의 다음 사업연도부터 연 800만 원씩 경비처리 된다.

## 감가상각비 이월 방법

⑩ "대통령령으로 정하는 이월 등의 방법"이란 해당 과세기간의 다음 과세기간부터 800만 원을 균등하게 필요경비에 산입하되, 남은 금액이 800만 원 미만인 과세기간에는 해당 잔액을 모두 필요경비에 산입하는 방법을 말한다.

소득세법시행령 제78조의3

〈사례〉

홍절세는 벤츠 렌털료를 월 150만 원씩(렌털기간 3년) 납부하고 있다. 매년 경비처리되는 감가상각비는 얼마일까?

(단위: 만 원)

|  | 1년차 | 2년차 | 3년차 | 4년차 | 5년차 |
|---|---|---|---|---|---|
| 비용인정 | 800 | 800 | 800 | 800 | 580 |
| 초과액 | 460 | 460 | 460 | 이월분 | 이월분 |

← 렌트기간 →(1년차~3년차)

- 감가상각비상당액: 150만 원 × 12개월 × 70% = 1,260만 원

- 렌털기간 누적 이월액
  : 460만 원 × 3개월 = 1,380만 원 → 임차 종료 후 연 800만 원씩 비용처리

만약, 월 95만 원의 렌털료(연 1,140만 원)를 지급하는 차량을 장기렌트로 대여한다면 감가상각비상당액이 렌털료의 70% 한도인 800만 원이 되어 전액 경비처리가 된다. 절세를 위해 최적의 렌털료 월 95만 원을 기억하자.

## 🏷 승용차를 팔면 세금을 더 낼까?

몇 년 동안 타던 업무용 승용차를 팔았다면 이익이 났을 경우와 손실이 났을 경우 세금은 어떻게 될까?

과거에 개인사업자는 법인과 다르게 업무용 차량을 팔아 이익이 발생했더라도 과세가 되지 않았다. 하지만 2016년(성실신고확인대상사업자), 2017년(복식부기의무자)부터 개인사업자도 법인과 동일하게 승용차를 처분하여 이익이 나면 과세하고 손실이 나면 비용으로 처리할 수 있도록 개정되었다. 물론, 성실신고확인대상사업자와 복식부기의무자가 아닌 영세사업자는 이 규정이 적용되지 않는다.

### 업무용 승용차 처분손실 한도

④ 업무용 승용차를 처분하여 발생하는 손실로서 업무용 승용차별로 800만 원을 초과하는 금액은 대통령령으로 정하는 방법에 따라 이월하여 손금에 산입한다.

법인세법 제27조의2

③ 제160조제3항에 따른 복식부기의무자가 업무용 승용차를 처분하여 발생하는 손실로서 업무용 승용차별로 8백만 원을 초과하는 금액은 대통령령으로 정하는 이월 등의 방법에 따라 필요경비에 산입한다.

소득세법 제33조의2

'대통령령으로 정한 이월 방법'이란 다음과 같다.

### 업무용 승용차 처분손실 이월 방법

⑬ 법 제27조의2제4항에서 "대통령령으로 정하는 이월 등의 방법"이란 해당 사업연도의 다음 사업연도부터 800만 원을 균등하게 손금에 산입하되, 남은 금액이 800만 원 미만인 사업연도에는 남은 금액을 모두 손금에 산입하는 방법을 말한다.

법인세법시행령 제50조의2

즉, 처분이익은 전액 인식하여 세금이 추가되고, 처분손실은 당기에 전액 경비처리될 수 없고 감가상각비와 같이 800만 원을 한도로 경비처리가 된다. 납세자에게 불리한 조항이다.

**〈사례〉**

홍절세는 5,000만 원에 취득하여 감가상각을 해오던 제네시스 승용차를 1,000만 원에 중고차시장에서 처분하였다. (감가상각누계액 3,000만 원)
이 경우 경비처리액은?

처분손실 = 매매가액 - 장부가액
= 1,000 - (5,000 - 3,000)
= - 1,000만 원

⇒ 처분손실 1,000만 원 중 800만 원은 경비처리, 초과금액 200만 원은 이월됨

위와 같이 아무리 고가의 차를 싸게 팔아도 그 손실액이 전액 당기에 경비처리가 되지 않아 절세에 크게 도움이 되지 않는다.

한편으로는 감가상각비와 처분손실의 경비처리 한도가 생겼더라도 결국은 다 이월되어 전액 비용처리가 되니 차이가 없는 게 아닐까 생각할 수 있다. 하지만 이것은 소득세가 누진세율 구조가 아니라면 타

당할 수 있으나, 안타깝게도 세율이(특히 소득세율) 가파른 누진세 구조이다 보니 세금 부담액의 차이가 크다. 즉, 당기에 처리되는 경비의 크기에 따라 세율 구간이 변동되므로 한도 규제로 인하여 차량과 관련한 세제 혜택이 큰 폭으로 감소한 것은 틀림없는 사실이다.

## 📁 업무용 승용차 전용보험 가입 의무

법인은 개인과 다르게 업무용 승용차량은 임직원 전용보험을 가입하여 회사의 임직원만이 업무용 차량을 사용할 수 있도록 강제하고 있었다. 하지만 2021년부터는 성실신고확인대상자, 전문직 사업자와 같은 개인사업자까지 업무전용자동차보험 가입 의무가 확대되어 가족 간의 사적 사용이 어렵게 되었다.

〈사례〉 업무전용자동차보험 가입 의무

| 대상자 |
| --- |
| 성실신고확인대상사업자 |
| 전문자격사 |

※전문자격사
변호사업, 회계사업, 변리사업, 세무사업, 의료업, 수의사업, 약국업 등

주의할 것은 사업자의 모든 차량이 아닌 대표 차량 1대 외에 추가로 경비처리를 하는 차량이 전용보험 가입 대상이다.

> **대상 차량**
>
> 보유한 업무용 승용차 중 1대를 제외한 나머지 차량

만약, 임직원 외의 사용자가 있어 업무전용자동차보험 가입을 하지 않았다면 그 차량의 업무용 승용차 관련 비용은 경비처리 할 수 없다.

> **미가입 시 (2024년 이후)**
>
> 업무사용비율 0% : 전액 필요경비 불산입

※ 성실신고확인대상사업자, 전문자격사

**〈사례〉**

> 한방병원을 운영하는 홍절세는 업무용 차량으로 본인 소유의 벤츠 1대와 장기렌털 차량 제네시스 1대를 등록하여 관련 비용을 병원의 경비로 처리하고 있다.

홍절세가 차량 두 대 모두 경비처리를 하기 위해서는 차량 한 대는 업무전용자동차보험 가입을 반드시 해야 한다. 만약 제네시스 차량을 가족이 가끔 사용하여 전용보험 가입을 하지 않는다면 홍절세는 2024년 이후 제네시스 관련 비용 전액을 경비처리 할 수 없다. 결국 세법의 의도는 개인사업자의 업무용 승용차와 같은 일반 차량은 개인적으로 사용하는 경우가 많으니 1대 이상 경비처리를 하지 말라는 것으로 해석할 수 있다.

## 📋 사례 분석(차량 소유편)

업무용 승용차 관련 비용 규제들이 구체적으로 어떻게 적용되는지 자동차를 소유하는 유형별로 사례를 들어 알아보면 이해가 쉬울 듯하다.

가장 보편적인 경우인 차량을 소유할 경우의 예를 들어 보자.

〈사례〉

> 평택에서 내과를 운영하는 홍절세는 작년 개업과 동시에 출퇴근용으로 사용할 제네시스를 8,000만 원에 구입하였다.
>
> 올해 차량유지비는 자동차보험료 300만 원, 자동차세 200만 원, 대리운전비 100만 원, 주차료 150만 원, 유류비 750만 원으로 총 1,500만 원이 지출되었다.
>
> 홍절세의 올해 병원 경비로 인정되는 금액은 얼마일까?

홍절세의 경비처리 금액은 운행기록부 작성 여부에 따라 달라진다.

## 1. 운행기록부를 작성하지 않았을 경우

**총비용**

= 감가상각비 + 차량유지비 = 1,600만 원(8,000만 원 ÷ 5년) + 1,500만 원 = 3,100만 원

**업무사용간주비율**

= 업무비용 ÷ 총비용 = 1,500만 원 ÷ 3,100만 원 = 48.4%
　　　　　　　　　　　세법한도

**감가상각비 업무사용액**

= 1,600만 원 × 48.4% = 774만 원
　　　　　　　감가상각비 한도 800만 원 이하로 전액 인정

**차량유지비 업무사용액**

= 1,500만 원 × 48.4% = 726만 원

(단위: 만 원)

| 구분 | 비용인정 | 비용부인 |
|---|---|---|
| 감가상각비 | 774 | 826 |
| 차량유지비 | 726 | 774 |
| 계 | 1,500 | 1,600 |

즉, 운행기록부를 작성하지 않았을 경우에는, 홍절세가 올해 지출한 차량 관련 비용 총 3,100만 원 중 1,500만 원만 경비처리가 되었다. 그렇다면, 운행기록부를 작성했을 경우는 얼마나 절세가 될까?

## 2. 운행기록부를 작성했을 경우 (업무사용비율 70%)

**총비용**
= 감가상각비 + 차량유지비 = 1,600만 원(8,000만 원 ÷ 5년) + 1,500만 원 = 3,100만 원

**감가상각비 업무사용액**
= 1,600만 원 × 70% = 1,120만 원
320만 원 이월

**차량유지비 업무사용액**
= 1,500만 원 × 70% = 1,050만 원

(단위: 만 원)

| 구분 | 비용인정 | 비용부인 |
|---|---|---|
| 감가상각비 | 1,120(당기 800) | 480 |
| 차량유지비 | 1,050 | 450 |
| 계 | 2,170 | 930 |

운행기록부를 작성하면 업무사용비율이 높을수록 경비로 인정되는 금액이 비례적으로 커진다. 만약 홍절세가 운행기록부를 귀찮아서 작성하지 않는다면 경비 670만 원을 놓치게 되어 200~300만 원의 세금을 더 내는 억울한 상황이 발생하게 된다.

따라서, 유지비가 많이 들거나 업무사용비율이 높은 차량은 운행기록부를 작성하는 것이 절세를 위해 꼭 필요하다.

## 📋 사례 분석(차량 리스편)

최근 들어 차량을 리스 형태로 이용하는 경우가 증가하고 있다. 리스로 업무용 승용차를 취득하여 사용한다면 경비처리는 어떻게 되는지 알아보자.

**〈사례〉**

> 인천에서 정형외과를 운영하는 홍절세는 올해부터 영업이 안정화되어 출퇴근용으로 사용한 벤츠CLS를 전문 딜러를 통해 월리스료 270만 원에(3년 만기) 계약하였다.
>
> 올해 차량유지비는 유류비 1,300만 원, 대리운전비 150만 원, 주차료 100만 원으로 총 1,550만 원이 지출되었다. (보험료 300만 원, 자동차세 200만 원은 리스료에 포함)
>
> 홍절세의 올해 병원 경비로 인정되는 금액은 얼마일까?

먼저 리스료에서 수선유지비를 구분한 후 감가상각비상당액 금액을 계산해야 한다.

**수선유지비**

= (리스료 - 보험료 - 자동차세) × 7%
= (270만 원 × 12월 - 300만 원 - 200만 원) × 7%
= 192만 원

**감가상각비상당액**

= 리스료 - 보험료 - 자동차세 - 수선유지비
= 270만 원 × 12월 - 300만 원 - 200만 원 - 192만 원
= 2,548만 원

홍절세가 1년 동안 지출한 벤츠 관련 비용 4,790만 원은 아래와 같이 재분류된다.

| 리스료 3,240만 원 |
|---|
| 유지비 1,550만 원 |

→

| 감가상각비상당액 2,548만 원 |
|---|
| 차량유지비 2,242만 원 |

그다음은 차량을 소유했을 경우와 같이 홍절세의 운행기록부 작성 여부에 따라 두 가지 경우로 경비처리 금액이 나누어진다.

## 1. 운행기록부를 작성하지 않았을 경우

**총비용**
= 감가상각비상당액 + 차량유지비 = 2,548만 원 + 2,242만 원 = 4,790만 원

**업무사용간주비율**
= 업무비용 ÷ 총비용 = 1,500만 원 ÷ 4,790만 원 = 31.3%
　　　　　　　　　세법한도

**감가상각비상당액 업무사용액**
= 2,548만 원 × 31.3% = 798만 원
　　　　　감가상각비 한도 800만 원 이하로 전액 인정

**차량유지비 업무사용액**
= 2,242만 원 × 31.3% = 702만 원

(단위: 만 원)

| 구분 | 비용인정 | 비용부인 |
|---|---|---|
| 감가상각비 | 798 | 1,750 |
| 차량유지비 | 702 | 1,540 |
| 계 | 1,500 | 3,290 |

　운행기록부를 작성하지 않았을 경우에는, 홍절세가 올해 지출한 리스 차량 관련 비용 총 4,790만 원 중 1,500만 원만 경비처리가 된다. 즉, 매매로 취득했을 경우와 같다.

　그렇다면, 운행기록부를 작성했다면 얼마나 절세가 될까!

## 2. 운행기록부를 작성했을 경우 (업무사용비율 70%)

**총비용**
= 감가상각비상당액 + 차량유지비 = 2,548만 원 + 2,242만 원 = 4,790만 원

**감가상각비 업무사용액**
= 2,548만 원 × 70% = 1,784만 원
984만 원 이월

**차량유지비 업무사용액**
= 2,242만 원 × 70% = 1,569만 원

(단위: 만 원)

| 구분 | 비용인정 | 비용부인 |
|---|---|---|
| 감가상각비상당액 | 1,784(당기 800) | 764 |
| 차량유지비 | 1,569 | 673 |
| 계 | 3,353 | 1,437 |

차량을 소유했을 때와 마찬가지로 리스로 임차를 한 경우에도 운행기록부를 작성하니 업무사용비율이 높을수록 경비로 인정되는 금액이 비례적으로 커진다.

만약, 홍절세가 운행기록부를 귀찮아서 작성하지 않는다면 경비 1,853만 원을 놓치게 되어 600~800만 원의 세금을 더 내는 사태(?)가 발생한다. 따라서, 리스로 차량을 임차하더라도 유지비가 많이 들거나 업무사용비율이 높은 차량이라면 운행기록부를 작성하는 것이 절세를 위해 꼭 필요하다.

## 📂 사례 분석(차량 렌털편)

차량을 렌털하여 업무용 승용차로 사용할 경우의 비용처리 사례를 알아보자. 그렇다면 수유권이 없는 리스와 렌털의 차이는 무엇일까?

|  | 리스 | 장기 렌털 |
|---|---|---|
| 장점 | • 일반 번호판 부착<br>• 보험 경력 유지 | • 사고 시 면책금만 발생<br>• 대출한도 축소 없어 신용등급 영향 없음 |
| 단점 | • 대출로 잡혀 신용등급 영향<br>• 연간 주행거리 한정 | • 하, 허, 호 식별 번호판<br>• 보험 경력 단절 |

최근에는 차량을 자산의 일부가 아닌 소비재로 인식하는 경향이 강해지면서 차량을 직접 구매하기보다 장기 렌털로 계약하는 경우가 많아지고 있다. 또한 렌터카의 단점인 하, 허, 호 식별 번호판에 대한 거부감도 사라지고 있어 이제는 흔하게 렌털 차량을 볼 수 있다. 그렇다면 렌털을 하는 경우에 차량의 경비처리는 어떻게 될까?

**〈사례〉**

> 대구에서 치과를 운영하는 홍절세는 올해부터 출퇴근용으로 사용할 벤츠E클래스 신형을 장기렌털로 월렌털료 190만 원에(3년 만기) 계약하였다.
>
> 올해 차량유지비는 유류비 1,300만 원, 대리운전비 150만 원, 주차료 50만 원으로 총 1,500만 원 지출되었다.
>
> 홍절세의 올해 병원 경비로 인정되는 금액은 얼마일까?

먼저 매달 지출되는 렌털료에서 감가상각비상당액 금액을 계산해야 한다.

**감가상각비상당액 = 렌털료 × 70% = (190만 원 × 12개월) × 70% = 1,596만 원**

홍절세가 1년 동안 지출한 벤츠 관련 비용 3,780만 원은 아래와 같이 재분류된다.

| 렌털료 2,280만 원 | → | 감가상각비상당액 1,596만 원 |
| 유지비 1,500만 원 | | 차량유지비 2,184만 원 |

그다음은 차량을 소유했을 경우와 같이 홍절세의 운행기록부 작성 여부에 따라 두 가지 경우로 경비처리 금액이 나누어진다.

## 1. 운행기록부를 작성하지 않았을 경우

**총비용**
= 감가상각비상당액 + 차량유지비 = 1,596만 원 + 2,184만 원 = 3,780만 원

**업무사용간주비율**
= 업무비용 ÷ 총비용 = 1,500만 원 ÷ 3,780만 원 = 39.7%
　　　　　　　　　　　세법한도

**감가상각비상당액 업무사용액**
= 1,596만 원 × 39.7% = 633만 원
　　　　　　　　감가상각비 한도 800만 원 이하로 전액 인정

**차량유지비 업무사용액**
= 2,184만 원 × 39.7% = 867만 원

(단위: 만 원)

| 구분 | 비용인정 | 비용부인 |
|---|---|---|
| 감가상각비 | 633 | 963 |
| 차량유지비 | 867 | 1,317 |
| 계 | 1,500 | 2,280 |

　운행기록부를 작성하지 않았다면 홍절세가 올해 지출한 차량 관련 비용 총 3,780만 원 중 1,500만 원만 경비처리가 된다.

## 2. 운행기록부를 작성했을 경우 (업무사용비율 70%)

**총비용**
= 감가상각비상당액 + 차량유지비 = 1,596만 원 + 2,184만 원 = 3,780만 원

**감가상각비 업무사용액**
= 1,596만 원 × 70% = 1,117만 원
317만 원 이월

**차량유지비 업무사용액**
= 2,184만 원 × 70% = 1,529만 원

(단위: 만 원)

| 구분 | 비용인정 | 비용부인 |
|---|---|---|
| 감가상각비상당액 | 1,117(당기 800) | 479 |
| 차량유지비 | 1,529 | 655 |
| 계 | 2,646 | 1,134 |

차량을 소유한 경우와 마찬가지로 렌털을 한 경우에도 운행기록부를 작성하니 업무사용비율이 높을수록 경비로 인정되는 금액이 비례적으로 커진다.

만약 홍절세가 운행기록부를 귀찮아서 작성하지 않는다면 경비 1,146만 원을 놓치게 되어 300~500만 원의 세금을 더 부담하게 된다.

따라서, 장기 렌털로 차량을 임차하더라도 유지비가 많이 들거나 업무사용비율이 높은 차량이라면 운행기록부를 작성하는 것이 절세를 위해 꼭 필요하다.

## 🔖 승용차 절세의 5가지 황금법칙(종합)

2016년 업무용 승용차 관련 세법이 강화된 이후 세무대리인들은 업무용 승용차 관련 처리가 복잡하여 이를 익히는 데 애를 먹었다. 또한 사업자들은 운행일지를 써야 하는 번거로움으로 불만의 목소리가 높아졌다. 이를 반영하여 정부는 2019년부터 운행일지를 쓰지 않더라도 비용으로 인정하는 기준을 기존의 1,000만 원에서 1,500만 원으로 늘려 부담을 낮추도록 개정하였다. 그렇다면, 복잡한 승용차 관련 규제에도 불구하고 최적의 절세비법은 무엇일까?

〈절세법칙 1〉
차량 가격이 4,000만 원 내외라면 걱정할 것 없다.

국민차인 소나타와 그랜저 가격 이하의 차량을 업무용으로 사용한다면 대부분의 경비가 한도 금액 이내로 전액 경비처리가 되므로 운행기록부를 별도로 작성하지 않아도 된다. 물론 업무용 주행거리가 길고 차량유지비 지출이 커 한도액을 초과하는 경우에는 운행기록부를 작성하는 것이 좋다.

〈절세법칙 2〉
고가의 차량은 운행기록부를 꼭 작성하자.

벤츠, BMW, 제네시스 등 고가의 차량을 구입하거나 임차하는 경우에는 총지출액이 경비처리 한도인 1,500만 원을 초과하는 경우가 대부분이므로 운행기록부를 작성하는 것이 이득이다.

### 〈절세법칙 3〉
### 규제가 없는 차량을 이용하자.

경차인 모닝, 레이, 스파크나 9인승 차량인 카니발(승합), 픽업트럭 등은 규제 대상인 업무용 승용차가 아니다. 이 차량을 출퇴근이나 업무용으로 이용한다면 차량 관련 경비는 한도 없이 전액 경비처리가 된다. 당연히 운행기록부를 작성할 필요도 없다.

### 〈절세법칙 4〉
### 직원의 차량 보조금은 차량유지비가 아니다.

직원 명의의 차량에 대하여 유류비 등을 보조해주는 경우에는 한도 제한을 받는 차량유지비가 아닌 '여비교통비'이므로 이를 적극 활용하면 절세할 수 있다. (여비교통비는 전액 경비처리가 된다.)

### 〈절세법칙 5〉
### 차량 대수를 늘리면 한도가 늘어난다.

업무용 승용차 비용 규제는 차량 한 대당 한도를 규정하는 제도이다. 따라서 차량 대수가 늘어나면 기본 한도가 늘어난다. 사업장이 하나여도 차량이 한 대면 1,500만 원 한도, 차량이 두 대면 한도가 3,000만 원으로 늘어나므로 경비처리를 할 수 있는 여유가 커진다.

# 제 4 장
## 접대비
### 제대로 알기

## 📋 접대비란 무엇일까?

접대비는 사업자에게 중요한 영업 수단이자 경비의 큰 부분을 차지하는 비용이다. 하지만 돈에는 꼬리표가 없다 보니 접대비와 타 비용을 구분하기 쉽지 않아 세법은 매출에 비례하여 한도를 두고 있다. 그렇다면 세법에서 규정한 접대비란 무엇인지 알아보자.

**접대비의 정의**

> "접대비"란 접대, 교제, 사례 또는 그 밖에 어떠한 명목이든 상관없이 이와 유사한 목적으로 지출한 비용으로서 내국법인이(사업자가) 직접 또는 간접적으로 업무와 관련이 있는 자와 업무를 원활하게 진행하기 위하여 지출한 금액을 말한다.

법인세법 제25조의1

사업자들은 법인카드나 사업용 신용카드로 지출한 금액이 무조건 경비처리가 된다고 오해하는 경우가 많은데, 비용은 지출의 성격에 따라 계정과목이 나누어지며 경비처리 방법도 각각 다르다.

특히, 다른 비용들과 달리 접대비는 명확한 한도가 있어 접대비의 정확한 정의를 알고 지출하는 지혜가 필요하다. 접대비가 되기 위한 세 가지 요건은 아래와 같다.

> **접대비 중요 요건**
>
> 1. 지출의 목적이 업무와 관련된 것이어야 한다.
> 2. 지출의 상대방이 업무와 관련 있는 자여야 한다.
> 3. 명목 여하에 불구하고 실질 지출내용에 따라 판단한다.

보다 쉽게 설명하자면, 접대비는 '우리 병원의 매출을 발생시키거나 증가시키기 위해서 거래처와 원활한 관계를 위한 활동에 지출한 금전적 지출'을 의미한다. 따라서 개인적인 목적으로 지출한 비용이나 사업과 관련이 없는 자에게 지출한 비용은 접대비로 인정받을 수 없다.

따라서, 접대비의 핵심 요건인 '업무와의 관련성'은 병원 측에서 증빙과 내부통제제도 등을 통하여 그 근거를 꼼꼼히 마련해두어야 한다. 왜냐하면 접대비임을 입증할 책임은 사업자에게 있기 때문이다.

이렇게 접대비는 세법의 규제 대상이다 보니 수많은 관련 해석과 판례가 존재한다. 그만큼 상거래가 복잡하여 실무적으로 애매한 경우가 비일비재하기 때문이다. 특히 카드사용액이 과다하게 접대비로 처리가 되었을 경우 업무와의 관련 비용임이 소명되지 않아 추징되는 사례가 있으니 주의해야 한다.

## 🏥 우리 병원의 접대비 한도는 얼마일까?

접대비의 1차 관문은 접대비 정의에 부합하는 지출인지 여부이고, 2차 관문은 세법상 접대비 한도 내의 금액인지 여부이다.

접대비의 속성상 지출 목적을 구분하기 힘든 경우가 많아 제한 없이 경비로 인정된다면 절세를 넘어 탈세의 수단이 될 여지가 있다 보니 세법에서는 아래와 같이 한도를 엄격하게 제한하고 있다.

접대비 한도는 기본 한도와 수입금액을 기준으로 한 추가 한도로 구성된다.

### 접대비 한도

| 기본 한도 | 3,600만 원(중소기업) ||
|---|---|---|
| 추가 한도 (수입금액 기준) | 100억 원 이하 | 0.3% |
| | 100억 원 초과~500억 원 이하 | 3천만 원 + 100억 원 초과 금액 × 0.2% |
| | 500억 원 초과 | 1억 1천만 원 + 500억 원 초과 금액 × 0.03% |

매출이 10억 원 이하인 병의원이라면 수입금액을 기준으로 한 추가 한도가 미미하여 대부분 기본 한도인 3,600만 원 수준으로 한도액이 결정된다. 따라서, 그 이상은 아무리 접대비를 지출하더라도 경비로 인정되지 않는다.

〈사례〉

부천에서 성형외과를 운영하고 있는 홍절세가 2023년에 지출한 접대비가 총 7,500만 원이고 매출이 80억 원일 때 2023년 홍절세의 접대비 한도는 얼마일까?

1. 기본 한도: 3,600만 원

2. 추가 한도: 80억 원 × 0.3% = 2,400만 원

→ 접대비 한도액 6,000만 원(1,500만 원 경비처리 안 됨)

최근 들어 사업자들의 경비 지출 내역을 보면 김영란법의 영향인지 접대비 지출 금액이 점점 감소하고 있어 한도 초과되는 경우는 많지 않았다. 하지만 우리 병원의 특성상 접대비 지출이 많다면 경비처리 한도를 대략적인 금액이라도 염두에 두고 영업 전략을 수립하는 것이 합리적이라고 본다.

## 📎 문화접대비란 무엇일까?

세법에는 문화접대비란 것이 있다. 사업자는 문화접대비 한도를 이용하여 접대비 외에 추가 절세를 할 수 있음에도 불구하고 문화접대비의 존재 자체를 몰라 대부분 놓치고 있다. 문화접대비 제도는 문화예술비 지출에 대한 지원을 확대하기 위하여 2007년에 신설된 오래된 제도이다.

그렇다면 문화접대비란 무엇일까?

**문화접대비 적용 대상**

- 문화예술의 공연이나 전시·박물관 입장권 구입
- 국민체육진흥법에 의한 체육활동 입장권 구입
- 영화·음반·비디오물 구입
- 서적 및 출판물 구입

조세특례제한법시행령 제130조5항 요약

**문화접대비 한도**

MIN(문화접대비 지출액, 일반접대비 한도액 × 20%)

예를 들면, 추석이나 설날에 거래처에 콘서트 티켓이나 CGV 영화관람권 등을 구입하여 선물한다면 문화접대비에 해당된다. 나는 읽고 난 후 좋은 책은 수십 권을 한꺼번에 구입하여 거래처 미팅 시에 대표님들께 선물로 드리는 경우가 많다. 이때 책 구입비는 문화접대비로 분류되어 경비로 인정된다.

문화비 지출이 있다면, 중요한 것은 일반접대비 한도와 별개로 문화접대비 한도가 추가된다는 것이다. 만약, 일반접대비가 한도 초과되어 경비가 부인되더라도 문화접대비가 있다면 추가로 경비처리가 된다.

**〈사례〉**

> 서울에서 피부과를 운영하는 홍절세는 2023년 거래처 접대비로 4,500만 원을 지출하였다. (도서 구입비 등 문화접대비 500만 원 포함) 홍절세의 매출액이 10억 원일 경우 접대비로 비용 인정되는 금액은 얼마일까?
>
> ◆ 일반접대비 한도: 3,600만 원 + 10억 원 × 0.3% = 3,900만 원
> ◆ 문화접대비 한도: MIN(3,900만 원 × 20%, 500만 원) = 500만 원
>
> → 접대비 비용 인정액
>   3,900만 원 + 500만 원 = 4,400만 원(100만 원 경비 부인됨)

만약 홍절세가 문화접대비를 구분하여 처리하지 않고 일반접대비 한도로만 계산한다면 지출된 접대비 4,500만 원 중 600만 원이 한도 초과되어 소득세 100~200만 원을 더 납부하게 된다. 사실 현실은 대부분 이렇게 처리되고 있다. 하지만 문화접대비 한도를 별도로 계산하여 적용한 결과 접대비 지출액 중 100만 원만 경비가 부인되었다. 사소한 차이지만 문화접대비로 1년 치 기장수수료가 절약된다고 생각하면 결코 적지 않은 금액이다.

이렇듯 문화접대비 제도는 모르면 나만 손해인 제도이다. 약간의 번거로움이 있더라도 지출된 비용 중 문화접대비에 해당하는 금액을 구분하여 세무대리인에게 제출하자. 비용 한도가 늘어나고 세금이 줄어들게 된다.

## 🗂 짝퉁 접대비 구분하기(전편)

사업을 위해 지출하는 비용은 크게 인건비, 임차료, 광고선전비, 소모품비 등이 있다. 일반적으로 사업자는 비용의 성격을 따로 구분하지 않고 사업상 경비를 지출하지만 각 비용은 계정과목에 따라 세법에서 규제하는 방법이 다르므로 그 차이를 알고 있어야 한다.

따라서 여러 비용 항목들 중 접대비와의 구분이 쉽지 않은 기부금, 광고선전비와의 차이점에 대하여 먼저 알아보자.

### 1. 기부금과 접대비의 구분

| 업무 관련 지출 | 업무 무관 지출 |
|---|---|
| 접대비 | 기부금 |

사업과 직접 관계 있는 자에게 금전 또는 물품을 기증한 경우에는 접대비로 구분하며, 사업과 직접 관계가 없는 자에게 지급한 경우에 기부금으로 구분한다.

예를 들어, 정형외과를 운영하는 홍절세가 명절을 맞아 케이크를 선물하려고 할 때

| 거래하는 제약회사<br>직원들에게 선물하는 경우 | 보육원 아동들에게<br>선물하는 경우 |
|---|---|
| 접대비<br>(업무관련성 있음) | 기부금<br>(업무관련성 없음) |

이렇게 접대비와 기부금과의 차이는 업무 관련성이 핵심이므로 누구에게 지급하냐가 중요하다. 따라서 업무와 관련이 없는 보육원 아동들에게 지출한 비용은 접대비가 아닌 기부금이다.

### 2. 광고선전비와 접대비의 구분

| 지출의 상대방이 특정인 | 지출의 상대방이 불특정다수인 |
|---|---|
| 접대비 | 광고선전비 |

광고선전비는 판매촉진이나 기업 이미지 개선 등 선전효과를 위하여 불특정다수인을 상대로 지출하는 비용이다. 세무상으로 광고선전비는 전액이 경비로 인정되나, 접대비는 한도 이내의 금액만 비용으로 인정되므로 그 구분이 중요하다.

예를 들어, 식품제조업을 운영하는 홍절세가 자사 제품의 홍보를 위하여

| 백화점 임직원들에게 무상으로 제공하는 제품 | 백화점, 슈퍼, 가두 등에서 일반 소비자에게 시식용으로 제공하는 제품 |
|---|---|
| 접대비<br>(특정 거래처) | 기부금<br>(불특정 다수) |

접대비와 광고선전비는 업무와 관련된 지출이라는 공통점이 있지만 지출의 상대방이 특정인인지 불특정 다수인지에 따라 구분된다. 광고선전비는 접대비와 다르게 세법상 경비처리의 한도가 없으므로 두 비용의 구분은 중요하다.

## 🏥 짝퉁 접대비 구분하기(후편)

여러 비용 항목들 중 접대비와 헷갈리기 쉬운 판매부대비용, 회의비의 차이에 대하여 알아보자.

### 1) 판매부대비 vs 접대비

판매부대비란 판매한 상품이나 제품의 보관료, 포장비, 판매장려금 및 판매수당 등 판매와 관련된 모든 부대비용을 의미한다. 현실적으로 접대비와 판매부대비를 구분하는 것은 쉽지 않다. 하지만 여러 관련 판례나 해석을 보면 다음의 두 요건으로 기준을 잡을 수 있다.

| 구분 | 상대방 | 사전약정 여부(묵시적 약정 포함) |
|---|---|---|
| 판매부대비 | 모든 거래처/불특정 고객 | 있음 |
| 접대비 | 특정 거래처/특정 고객 | 없음 |

비록 판매를 촉진시키기 위한 지출이더라도 특정한 거래처나 고객에게 지출하거나 건전한 사회통념과 상관행을 초과하는 지출은 판매부대비가 아닌 접대비로 구분한다.

병원을 운영하는 홍절세의 예를 들어 보자.

| 접대비 | 판매부대비 |
|---|---|
| 사전약정 없이 환자를 많이 소개시켜주는 고객에게 사은품, 답례품 등을 제공하는 것 | 병원 홍보를 위하여 내원한 환자들을 상대로 경품을 제공하는 것 |

실질 내용에 따라 사실판단을 해야 하겠지만 접대비는 특정 상대라는 특징이 있으며, 정상적인 상관행을 초과하여 사례금조로 지급하는 커미션과 같은 성격이라고 보면 된다.

### 2) 기타비용 vs 접대비

**회의비 vs 접대비**

| 회의비 | 접대비 |
|---|---|
| 정상적인 업무를 수행하기 위하여 지출하는 사내 또는 통상 회의가 개최되는 장소에서 제공하는 다과 및 음식물 등의 가액 중 사회통념상 인정될 수 있는 범위의 금액 | 통상회의비를 초과하거나 유흥을 위하여 지출한 금액 |

| 견본비 | 접대비 |
|---|---|
| 상품·제품 등의 판매교섭을 위하여 반환조건 없이 거래처에 제공하는 것 중 사회통념상 인정될 수 있는 범위 내의 견본품 | 귀금속, 고가 가구류, 고가 의류 등 견본품의 가액이 고액인 경우 사회통념상 견본품 제공의 범위를 초과하는 것 |

**견본비 vs 접대비**

접대비와 기타비용을 구분하는 핵심 단어는 '사회통념'이다. 결국 거래의 실질을 참작하여 상식을 넘어서는 초과 지출은 접대비로 보고 규제를 하겠다는 취지이다.

## 접대비, 현금으로 써도 될까?

현실적으로 접대비는 현금으로 지급하는 경우가 많다. 하지만 이러한 접대성 현금 지급은 증빙이 없어 경비처리가 쉽지 않다. 접대비를 지출할 때의 결제수단에 대하여 알아보자.

만약, 현금으로 접대비를 지출한다면 1회 지출할 수 있는 한도는 다음과 같다.

### 1회 현금 접대비 지출 한도

| | |
|---|---|
| 일반접대비 | 3만 원 이하 |
| 경조사비 | 20만 원 이하 |

만약, 현금으로 5만 원을 지출하고 법적증빙(계산서, 세금계산서, 현금영수증)을 받지 못했다면 접대비 한도 계산 전에 먼저 경비처리가 부인된다. 즉, 초과 금액인 2만 원이 아닌 전체 금액 5만 원이 경비 부인된다. 따라서 접대비로 3만 원(경조사비 20만 원)을 초과하는 금액을 지출해야 한다면 신용카드로 결제하거나 정규 증빙을 꼭 받아야 한다.

그렇다면 신용카드 결제로 접대비를 지출한다면 무조건 경비로 인정될까? 그렇지 않다. 법인은 법인카드만 인정되며 임직원 개인카드의 사용은 인정되지 않는다.

### 3만 원 초과분 신용카드 사용조건

| 법인 | 법인카드만 인정 |
|---|---|
| 개인사업자 | 사업주 본인, 종업원, 가족 명의 카드 모두 인정 |

법인의 일반 경비는 개인 명의의 카드 사용분도 법인의 사업과 관련된 거래로 확인되면 비용으로 처리되지만, 접대비는 임직원 개인카드의 사용은 인정되지 않는다.

〈사례〉

'의료법인 절세'의 대표인 홍절세가 이번 달 접대비를 아래와 같이 지출했다면 경비로 인정되는 금액은 얼마일까?

| 접대비 내역 | 지출 금액 | 결제수단 |
|---|---|---|
| ① 거래처 직원 결혼식 | 30만 원 | 현금 |
| ② 식사 접대비 | 40만 원 | 홍절세 개인카드 |
| ③ 선물 구입비 | 100만 원 | 법인카드 |

① 0원 + ② 0원 + ③ 100 = 100만 원(70만 원 부인됨)

이와 같이 접대비는 결제수단이 매우 중요하다. 아무리 사업과 관련된 지출이라도 3만 원 초과액을 현금으로 결제하거나 법인이 임직원카드로 결제한다면 한도 계산도 하기 전에 전액 부인되기 때문이다. 하지만 현실적으로 경조사비를 신용카드로 결제하거나 현금영수증을 발급받기는 어렵다. 그러나 절세를 염두에 둔다면 한도 금액인 20만 원 이내로 경조사비를 지출하는 것이 합리적이다.

## 📋 상품권과 접대비

병의원을 비롯한 사업체를 운영하는 대표자들에게 가장 많이 받는 질문 중의 하나가 상품권에 대한 경비처리이다. 그만큼 사업을 운영함에 있어 거래처 접대나 직원 복리후생 목적으로 상품권을 구매하여 지급하는 경우가 많다. 하지만 구체적으로 상품권이 어떻게 경비처리가 되고 절세가 되는지 명확하게 알고 있는 사업자는 거의 없는 듯하다.

〈사례〉

> 부산에서 피부과를 운영하고 있는 홍절세는 추석을 맞아 사업용신용카드로 백화점에서 상품권 1,000만 원 치를 구입하여 직원 5명에게 500만 원, 거래처 임직원에게 200만 원, 개인적으로 150만 원을 사용하였다.
>
> 홍절세가 올해 상품권 사용과 관련하여 경비처리할 수 있는 금액은 얼마일까?

상품권은 구매하는 시점에는 경비처리가 되지 않는다! 이것은 상품권에 대한 가장 큰 오해이다.

> **상품권은 재화가 아닌
> 유가증권이다.**
>
> 따라서 홍절세가 상품권을 백화점에서 구매할 때에는 세금계산서, 계산서, 현금영수증이 발행되지 않는다.
>
> 즉, 상품권 구매액 1,000만 원은 경비가 아닌 병원의 자산 (유가증권)이 된다.

상품권을 구매한 후 병원의 자산으로 처리가 된 상품권은 이후에 지급하는 대상에 따라 비용의 성격이 달라진다.

> **상품권은 지급대상에 따라
> 비용 항목이 달라진다.**
>
> | 지급상대방 | 비용처리항목 | 원천징수 |
> |---|---|---|
> | 직원 | 복리후생비 | 근로소득 원천징수 |
> | 거래처 임직원 | 접대비 | 기타소득 원천징수 |
> | 무관계 | 광고선전비 또는 기부금 | 원천징수 없음 |

따라서 홍절세가 직원에게 지급한 500만 원은 복리후생비로, 거래처 임직원에게 지급한 200만 원은 접대비로 경비처리된다.

하지만 계정과목과 무관하게 세법은 직원에게 지급한 것은 근로소득으로, 거래처 임직원에게 지급한 것은 기타소득으로 간주하므로 상품권 지급 시에 각각 소득세를 원천징수하여야 한다. 하지만 현실적으로 상품권을 지급할 때마다 소득세를 원천징수하기는 쉽지 않다.

결국 홍절세가 구입한 상품권 구입비 총 1,000만 원 중 사업용 비용으로 인정되는 금액은 700만 원임을 알 수 있다. 당연하겠지만 개인적으로 사용한 금액과 접대비 한도를 초과하는 금액은 경비처리가 되지 않는다.

과거에 상품권을 통한 탈세 사례가 많아 최근에는 상품권이 과세당국의 집중 소명 대상이 되고 있으므로 상품권의 구입과 지급 시에 지급 대상과 지급 일자 등이 포함된 지출결의서와 관련 증빙을 꼼꼼히 작성해야 추후에 경비 부인으로 세금을 추징당하지 않는다.

### 📑 영수증 없는 접대비는 경비처리가 될까?

접대비 지출의 제1원칙은 법적증빙을 수취해야 한다는 것이다. 하지만 현실적으로 접대성 경비가 지출되었음에도 불구하고 증빙을 구비할 수 없는 경우가 많다. 세법에서는 이러한 현실을 감안하여 지출증빙 서류의 수취 예외규정을 두고 있다. 즉, 영수증을 받지 않아도 경비처리를 할 수 있는 경우가 있다.

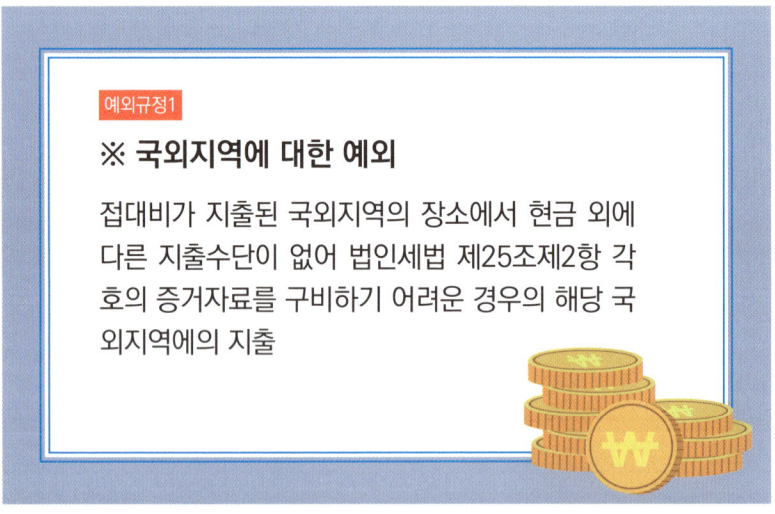

예외규정1

※ **국외지역에 대한 예외**
접대비가 지출된 국외지역의 장소에서 현금 외에 다른 지출수단이 없어 법인세법 제25조제2항 각 호의 증거자료를 구비하기 어려운 경우의 해당 국외지역에의 지출

예를 들어, 홍절세가 업무차 해외출장을 거래처 직원들과 함께 가서 거래처 직원들의 회식비를 대신 지불하였으나 현지 식당이 현금거래만 가능한 경우, 해당 지출액은 접대비로 처리할 수 있다. 단, 지출 사실이 객관적으로 명백해야 한다는 단서가 있으므로 실질적인 지출을 증명할 수 있는 다른 증빙(현지에서 받은 영수증 등)을 준비해야 한다.

> **예외규정2**
>
> ### ※ 농어민대상 지출에 대한 예외
>
> 농어민(법인은 제외)으로부터 직접 재화를 공급받는 경우의 지출로서 그 대가를 금융회사 등을 통하여 지급한 지출

예를 들어, 홍절세가 설날을 맞아 거래처 선물용으로 시골에서 양봉업을 하는 지인으로부터 아카시아꿀 20병을 70만 원에 구매하였다면, 이 경우 농민(축산업)과의 직거래이므로 정규 증빙이 없더라도 접대비로 처리가 가능하지만 반드시 금융기관을 통한 송금명세서가 첨부되어야 한다. 따라서 현금 지급이 아닌 계좌이체를 이용해서 지급해야 한다.

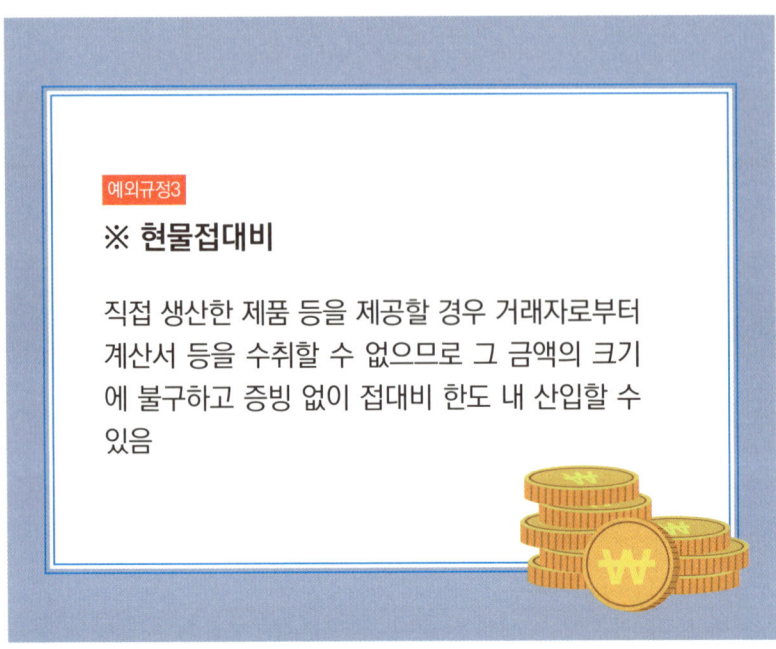

**예외규정3**

## ※ 현물접대비

직접 생산한 제품 등을 제공할 경우 거래자로부터 계산서 등을 수취할 수 없으므로 그 금액의 크기에 불구하고 증빙 없이 접대비 한도 내 산입할 수 있음

　예를 들어, 의료기기 제조업을 운영하는 홍절세가 담당 세무사에게 명절선물로 자사 제품을 선물했을 경우 제품의 시가에 해당하는 금액을 증빙이 없더라도 접대비로 처리할 수 있다.

> **예외규정4**
>
> ※ **매출할인 등 신용카드를 사용할 수 없는 경우**
>
> 거래의 성격상 원천적으로 증빙을 구비할 수 없는 경우(= 의제접대비)
> - 거래처의 매출채권 포기
> - 사전약정이 없거나 특정 거래처에 대하여만 지급하는 판매장려금
> - 채무의 대위변제

 예를 들어, 치과를 운영하는 홍절세가 단골 거래처가 경영난으로 외상대금 100만 원을 지급할 수 없게 되자 거래처의 사정을 감안하여 해당 금액을 지급 면제해주었다. 이 경우 100만 원은 증빙이 없더라도 접대비로 처리할 수 있다.

 요약하면, 사업상 발생하는 복잡다단한 지출 상황에서 증빙을 받을 수 없는 접대비가 발생하더라도 업무로 사용했음을 적극적으로 소명할 수 있다면 경비처리가 가능하다.

## 접대비로 절세하는 4가지 황금법칙(종합)

병의원을 운영하다 보면 이해관계자가 많아 접대비는 불가피하게 지출되는 비용이다. 그렇다면 복잡한 세법의 접대비 관련 규정을 종합하여 똑똑하게 접대비를 지출하는 방법은 무엇일까?

### 1. 현금은 No! 신용카드로 결제

법적증빙인 (세금)계산서, 현금영수증, 신용카드매출전표가 아닌 간이영수증에 의해서는 접대비를 인정받을 수 없다. 최근에는 신용카드 사용이 일반화되어 현금 지출 사례가 많지 않다.
다만, 거래처의 임직원 등에게 지출하는 경조사비는 현금이나 계좌이체로 지출되는 경우가 많은데, 이 경우에는 청첩장 사본 등을 챙겨 두면 건당 20만 원까지는 접대비로 인정된다.

하지만 의외로 이 부분을 놓치고 1년 동안 지출된 수백만 원의 경조사비를 접대비로 처리하지 못하고 있는 경우가 많으니 꼭 챙기도록 하자.

### 2. 본인의 접대비 한도 알기

중소기업은 연간 3,600만 원을 기준한도로 하여 수입금액의 0.3%의 추가 한도가 있으므로 예상되는 나의 접대비 한도를 쉽게 예측할 수 있다.

따라서 연간 3,600만 원 + $\alpha$ 정도의 접대비를 사용할 수 있음을 인지하고 있다면 보다 합리적인 지출 계획을 세울 수 있다.

### 3. 업무와의 관련성 염두에 두기

당연한 원칙이지만 업무와 관련 없이 지출한 접대비는 한도와 상관없이 인정되지 않는다.
예를 들어 홍절세가 동창들과 연말 송년회에서 술을 마신 후 이를 접대비로 처리했다면 사적사용액이므로 접대비에 해당되지 않는다.

하지만 현실적으로 쉽게 구분이 되지 않아 대부분 접대비로 처리되고 있다.

### 4. 사회통념을 넘어서면 접대비

접대비와 기타 경비의 구분이 애매할 경우 기준이 되는 개념은 '사회통념'이다.
비록 지출 내용이 거래처나 고객에게 제공한 판매부대비용이나 직원들의 회의비라 하더라도 사회통념을 벗어나거나 상관행에 비추어 정상적인 거래라고 인정할 수 없는 범위의 금액은 접대비로 처리된다.

### 꼼꼼하게 체크하자!
## 접대비 절세 비법

1. 현금은 No! 신용카드로 결제

2. 본인의 접대비 한도 알기

3. 업무와의 관련성 염두에 두기

4. 사회통념을 넘어서면 접대비

# 제 5 장
# 병의원 절세 삼 형제
## 세액공제·세액감면·소득공제

대한민국에 병의원을 담당하는 세무사는 두 부류로 나누어진다. 세액공제·감면을 적용시켜주는 세무사와 아닌 세무사! 현실적으로 세무대리수수료가 워낙 저렴하다 보니 세무대리인 입장에서는 많은 시간이 소요되는 세액공제·감면신청서를 작성할 이유가 전혀 없다.

대개 저렴한 수수료로 기장을 해오던 새로운 거래처를 수임을 하게 되어 장부를 보면, 하나같이 월 기장료 몇만 원 아끼다가 수천만 원의 세액공제·감면금액을 놓친 사례를 많이 보게 된다. 소탐대실의 전형적인 경우이지만 정보의 비대칭으로 원장들은 이 사실을 전혀 모른다! 언제나 그렇듯이 '싸고 좋은 것'은 없으며 재화와 달리 지식서비스의 가격에는 품질이 들어 있다는 사실을 잊지 말기 바란다.

조세특례제한법에 있는 세액공제와 감면은 절세의 핵심 요소이므로 개원의라면 비교적 자세하게 알고 있어야 억울하게 놓치는 일이 없다. 이를 위해 병의원에 적용 가능한 대표적인 세액공제·감면을 알아보자.

## 통합투자 세액공제

투자세액공제는 기업의 투자 활성화를 지원하기 위하여 기업이 투자한 사업용자산에 대하여 일정 비율을 공제해주는 제도이다. 하지만 그 공제요건이 까다로워 실질적으로 혜택을 받는 병원들은 많지 않았다.

그러나 여러 항목들로 나누어져 있던 투자세액공제가 하나로 통합되어, 2021년부터 지출하는 투자는 모든 사업용 투자자산에 대하여 세액공제가 적용되고 공제율도 크게 상향되었다.

**통합투자 세액공제**

> 대통령령으로 정하는 내국인이 제1호가목 또는 나목에 해당하는 자산에 투자하는 경우에는 제2호 각 목에 따른 기본공제 금액과 추가공제 금액을 합한 금액을 해당 투자가 이루어지는 과세연도의 소득세 또는 법인세에서 공제한다.

조세특례제한법 제24조

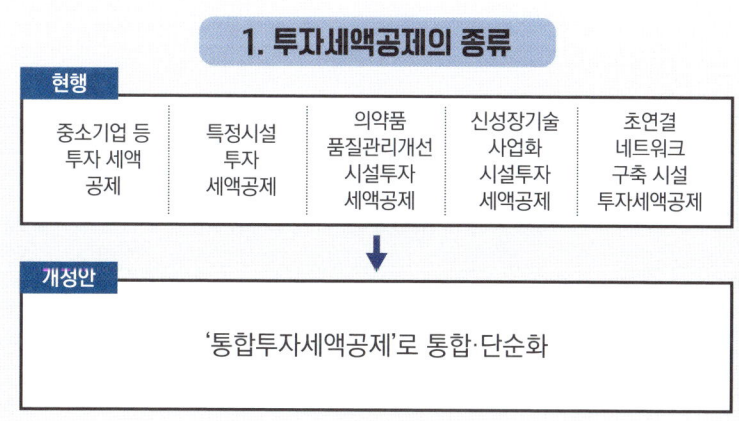

또한 특정 해당 업종이 아닌 모든 개인사업자와 법인으로 적용 대상이 확대되었다.

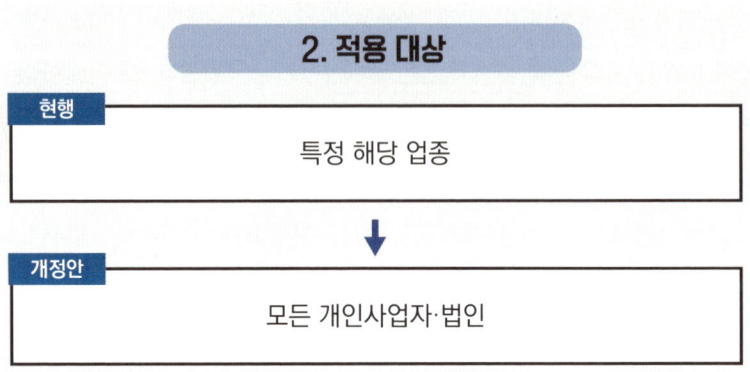

하지만 지방과 달리 수도권에 소재하는 사업자는 대체 투자만 세액공제 대상이므로 기계가 낡아 새 기계로 교체할 경우에만 투자세액공제가 적용된다. 따라서 지방의 병의원은 모두 통합투자세액공제를 적용할 수 있다.

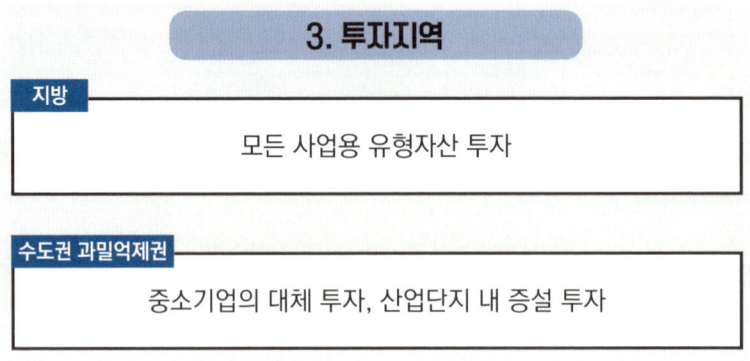

병의원의 사업용자산은 의료기기이므로 수도권은 기계가 낡아서 새 기계로 교체하는 경우, 지방은 새 기계를 구입하거나 교체하는 경우 모두 통합투자세액공제 대상이 된다.

### 4. 사업용 유형자산

(현행: 포지티브 방식 ⇒ 개정: 네거티브 방식)

| O | X |
|---|---|
| 기계장치와 같이 사업에 주로 사용되는 모든 유형자산 | 토지·건물 등 구축물 |
| | 차량·운반구·선박 |

**공제대상 자산**

| 사업용자산 | 병원 사례 |
|---|---|
| 사업용 유형자산 | 정형외과: MRI, X-ray 장비 등 |
| | 치과: 치료용 의자, CT 장비 등 |
| | 피부과: 레이저 기계 등 |
| | ※ 구급차는 차량운반구에 해당되어 공제 안 됨 |
| 사업에 직접 사용하는 소프트웨어 | 진료프로그램 구입비 (의사랑, 닉스 등) |

## 5. 공제율

중소기업 기준

| 기본 공제 | 일반 투자분 × 10% |
|---|---|
| | 신성장기술 사업화시설 투자분 × 12% |
| 추가 공제 | (당해연도 투자액 − 직전 3년 평균 투자액) × 3% |

그동안 중소기업에 적용되던 3%의 투자세액공제율이 기본공제만으로도 10%로 늘어났으니 실로 파격적이지 않을 수 없다.

위의 요건들을 만족하는 병의원의 대표적인 사례를 요약하면 아래와 같이 표현된다.

지방에서 개원한 홍절세가 새 의료기기를 구입하거나 금융리스한 경우에는 지출한 금액의 최소 10%를 투자세액공제로 돌려받을 수 있다.

투자세액공제의 확대 적용으로 이제는 직원을 추가로 고용할 때뿐만이 아니라 의료기기를 구입하거나 교체할 때에도 세액공제를 항상 염두에 두어 놓치지 말아야 한다.

## 🏥 중소기업특별세액감면

중소기업특별세액감면은 그동안 대부분의 사업자에게 가장 많이 적용되는 절세혜택이었다. 하지만, 병의원은 업종 요건에 해당되지 않아 본 감면을 받을 수 없었다. 하지만 2017년 및 2018년에 중소기업특별세액감면 조항이 대폭 개정되면서 의원과 치과의원도 감면을 받을 수 있는 길이 열리게 되었다.

### 의료업의 중소기업특별세액감면

> 의료법에 따른 의료기관을 운영하는 사업(의원·치과의원 및 한의원은 해당 과세연도의 수입금액에서 국민건강보험법 제47조에 따라 지급받는 요양급여비용이 차지하는 비율이 100분의 80 이상으로서 해당 과세연도의 종합소득금액이 1억 원 이하인 경우에 한정된다.)

조세특례제한법 제7조

따라서, 요양급여 수입이 큰 비중을 차지하는 내과, 소아청소년과, 이비인후과, 가정의학과 등이 적용 가능성이 높다.

### 2017년 개정사항

**소규모 의원 감면대상 추가**
▶ 병의원 + 의원/치과의원/한의원

**감면한도 신설**
▶ 1억 원

### 2018년 개정사항

**감면한도**
▶ 고용감소 시 1인당 500만 원 한도 축소

**중복적용 가능**
▶ 중소기업사회보험료 세액공제, 고용증대 세액공제

중요한 것은 감면요건인 수입금액비율 80%와 소득금액 1억 원은 개인의원에 해당되는 것이지 병원급 의료기관에는 해당 요건이 필요하지 않다는 것이다. 따라서 일반병원 '업종코드 851101'인 병원은 중소기업특별세액감면을 위의 요건 없이도 받을 수 있다.

과거에는 중복 적용이 되지 않았던 중소기업특별세액감면과 고용과 관련된 세액공제가 개정되어 모두 적용이 가능해졌다.

**감면율**

| 매출액 기준 | 병원 위치 | 감면율 |
|---|---|---|
| 10억 원 이하(소기업) | 수도권 | 10% |
| | 지방 | 10% |
| 10억 원 초과(중기업) | 수도권 | × |
| | 지방 | 5% |

 만약, 우리 병원이 '수도권에 소재한 매출 10억 원을 초과하는 병의원이 아니라면' 중소기업특별세액감면의 적용 대상이 될 수 있으니 검토가 꼭 필요하다.

## 🏥 사회보험료 세액공제

병의원과 같은 사업자에게는 어쩌면 세금보다 직원들의 4대보험료가 더 부담스러울 수 있다. 대략 직원 연봉의 10% 이상이 직원의 4대보험으로 지출되다 보니 인력이 모자라더라도 추가 채용을 망설이게 된다. 특히 최저임금의 급격한 상승도 모자라 4대보험 요율도 동반하여 증가하다 보니 사업자들은 인건비 비용 부담으로 이중고에 시달리고 있는 상황이다.

이러한 현실을 반영하여 정부는 2012년부터 일자리 창출을 목적으로, 신규 고용에 따라 사용자가 추가로 부담하는 사회보험료를 지원하기 위하여 '중소기업고용증가인원 사회보험료 세액공제'를 도입하였다. 즉, 사업주가 부담하는 직원의 4대보험료를 절세를 통하여 다시 돌려주겠다는 취지의 제도이다.

### 중소기업 사회보험료 세액공제

> 중소기업이 2024년 12월 31일이 속하는 과세연도까지의 기간 중 해당 과세연도의 상시 근로자 수가 직전 과세연도의 상시 근로자 수보다 증가한 경우에는 다음 각 호에 따른 금액을 해당 과세연도와 해당 과세연도의 종료일부터 1년이 되는 날이 속하는 과세연도까지의 소득세 또는 법인세에서 공제한다.

조세특례제한법 제30조의4

### 공제금액

청년 증가인원 × 사용자부담 사회보험료 × 100%

경력단절 여성 증가인원 × 사용자부담 사회보험료 × 100%

기타 근로자 증가인원 × 사용자부담 사회보험료 × 50%

### 공제요건

청년: 만 15~34세(6년 한도로 군복무기간 추가)

배우자 등 친족 제외

고용유지 시 2년간 공제

### 사용자부담 사회보험 요율(2023년 보건업 기준)

국민연금(4.5%) + 국민건강보험(3.545%) + 장기요양보험(0.4541%) + 고용보험(1.15%) + 산재보험(0.7%) = **10.35%**

〈사례〉

내과 전문의 홍절세는 올해 개원하여 1년간 지급한 직원들의 총급여를 정산해보니 1억 원 정도 되었다. 이 경우 홍절세의 사회보험료 세액공제액은 얼마 정도일까? (청년, 다른 요건 충족 가정)

→ 1억 원 × 10.35% = 1,035만 원

사회보험료 세액공제는 병원이 1년간 직원을 채용하여 발생하는 10% 정도의 4대보험 부담액을 정부가 2년간 지원해주겠다는 의미이다. 따라서 직원 채용 후 2년간은 이 직원의 4대보험 걱정은 하지 않아도 된다. 사회보험 요율이 지속적으로 상승하고 있어 본 세액공제는 직원 추가 채용 시에 필수적으로 챙겨야 할 절세 항목이 되었다.

일반적으로 병의원의 경우 첫해에 직원들을 채용하면 이후에는 직원 수에 큰 변동이 없는 경우가 대부분이므로 개원 첫해에 사회보험료 세액공제를 꼭 신청해야 한다.

## 📋 고용증대 세액공제

고용증대 세액공제는 중소기업 중심의 신규 일자리 창출을 지원하기 위하여 2018년에 신설된 제도이다. 현재 중소기업에 적용되는 지원 형태로는 가장 파격적인 절세 혜택으로 지원 규모가 크다 보니 채용보조금 성격이 강하다고 볼 수 있다.

특히, 2018년 12월에 국회를 통과하여 본 세액공제의 적용기한이 중소기업의 경우 2년에서 3년으로 연장되었고, 청년 등 정규직에 대한 공제액이 100만 원씩 증가하였다. 적용기한도 계속 연장되고 있으며 현재까지 2024년으로 확정되었다.

### 고용을 증대시킨 기업에 대한 세액공제

내국인의 2024년 12월 31일이 속하는 과세연도까지의 기간 중 해당 과세연도의 대통령령으로 정하는 상시근로자의 수가 직전 과세연도의 상시근로자의 수보다 증가한 경우에는 다음 각 호에 따른 금액을 더한 금액을 해당 과세연도와 해당 과세연도의 종료일부터 2년(중소기업)이 되는 날이 속하는 과세연도까지의 소득세 또는 법인세에서 공제한다.

조세특례제한법 제29조의7

⟨1인당 공제금액 – 중소기업⟩

| 구분 | 수도권 | 지방 |
|---|---|---|
| 청년·장애인·60세 이상<br>(청년 15~29세) | 1,100만 원 | 1,200만 원<br>(※ 1,300만 원) |
| 그 외 | 700만 원 | 770만 원 |

※ '21년~'22년까지 한시적으로 지방의 청년근로자 등 채용 시 한도가 1,300만 원으로 상향됨

**공제요건**

기간제근로자와 단시간근로자 및 파견근로자는 제외

고용이 감소하지 않는 경우 중소기업은 3년간 세액공제 적용

사회보험료 세액공제, 각종 투자세액공제와 중복 적용 가능

⟨사례⟩

홍절세가 2022년 대구에서 치과의원을 개원하고 직원을 4명(청년 3명) 고용했다면, 2022년에 적용되는 고용증대 세액공제액은 얼마일까?

◆ 청년 3명 × 1,300만 원 = 3,900만 원
◆ 청년 외 1명 × 770만 원 = 770만 원

→ 고용증대 세액공제 총액 = 3,900만 원 + 770만 원 = 4,670만 원

만약, 홍절세의 병원에 고용감소가 없다면 2022년에 발생한 세액공제금액 4,670만 원이 3년간 추가 공제되어 홍절세는 총 1억 4,010만 원의 소득세를 절세할 수 있다. 즉, 한 명의 청년 직원을 채용하면 3년

간 3,900만 원의 채용지원금이 발생한다고 볼 수 있다. 여기에 고용노동부에서 지급하는 청년일자리도약장려금도 받을 수 있어 이 직원의 3년간 인건비 걱정은 할 필요가 없게 된다.

하지만, 3년 이내에 청년 직원 수 또는 전체 직원 수가 감소하거나 폐업이 된다면 결국 절세된 만큼 환수가 되므로 혜택이 큰 만큼 지속적으로 엄격한 사후관리가 필요하다.

만약, 우리 병원이 고용증대 세액공제를 적용한 병원이라면 매년 상시근로자와 청년근로자 수를 월평균으로 산출하여 전년 대비 증감 여부를 세무대리인과 협의하여 모니터링하고 관리해야 한다.

## 근로소득증대 세액공제

근로소득증대 세액공제는 2015년 가계소득 증대세제 3대 패키지의 일환으로 도입된 제도로서, 기업의 자발적 임금증가 노력에 대해 세제 지원함으로써 2차적으로 근로자에게 임금증가의 혜택을 받게 하는 제도이다. 즉, 직원의 급여를 매년 꾸준히 올려주고 있는 사업자에게 임금상승분만큼을 절세를 통하여 다시 돌려주는 제도이다.

### 근로소득을 증대시킨 기업에 대한 세액공제

**임금증가에 대한 혜택**

> 2025년까지 해당과세연도 상시근로자가 직전연도 상시근로자보다 감소하지 않았고, 상시근로자 당해연도 평균임금증가율이 직전 3년 평균 임금증가율보다 큰 경우
>
> → 평균초과금액의 20%(중소기업) 세액공제 한다.

조세특례제한법 제29조의4

**정규직 전환에 대한 혜택**

> 2025년까지 해당과세연도에 정규직 전환 근로자가 있고, 해당 과세연도 상시근로자 수가 직전 과세연도보다 감소하지 않은 경우
>
> → 정규직 전환 근로자 임금증가분 합계의 20%(중소기업) 세액공제 한다.

조세특례제한법 제29조의4

### 공제금액(중소기업)

**(1) 평균임금**

$$= \frac{해당연도\ 상시근로자\ 임금\ 합계}{상시근로자\ 수}$$

**(2) 평균임금 증가율**

$$= \frac{해당연도\ 평균임금 - 직전연도\ 평균임금}{직전연도\ 평균임금}$$

**(3) 직전 3년 평균 초과 임증 증가분**

$$= \{해당연도\ 평균임금 - 직전연도\ 평균임금 \times (1 + 직전\ 3년\ 평균임금\ 증가율의\ 평균)\} \times 직전연도\ 상시근로자\ 수$$

### 공제요건

직전 과세연도 상시근로자 수보다 크거나 같아야 함(고용유지 요건)

고액연봉자는 제외함(총급여 7천만 원 이상)

직전연도 평균임금 증가율(〉0) 〉 직전 3년 평균임금 증가율의 30%

임금동결 시에 계산 특례 적용

산출 방법이 까다롭기는 하지만 이것은 세무대리인의 몫이므로 원장은 우리 병원이 공제요건에 해당되는지 여부만 알고 있으면 된다. 만약, 개업 후 지속적으로 매출과 급여가 증가하고 있고 그 폭이 크다면 충분히 적용 대상이 될 수 있다.

 2018년 중소기업에 대한 공제금액이 20%로 상향 개정되면서 본 세액공제의 절세액 규모가 커지다 보니 해당이 될 경우 공제받지 못한다면 억울한 제도가 되었다. 덧붙이자면 이 제도야말로 세무대리인이 챙겨주지 않는 이상 사업자 스스로는 절대 알 수 없는 제도인 것 같다.

 참고로 근로소득증대 세액공제의 적용을 위해서는 3년 치의 임금 자료가 있어야 하므로 창업초기에는 적용할 수 없다.

## 📋 성실신고확인비용 세액공제

성실신고확인제도란 수입금액이 일정 규모 이상인 사업자가 종합소득과세표준 확정신고를 하는 경우 사업소득 계산의 적정성을 세무대리인에게 확인받도록 한 제도로서 본 세액공제는 사업자에 대한 지원금 성격으로 2011년에 도입되었다.

병의원들은 개업 초기를 제외하면 대부분 성실신고확인대상사업자가 되어 세무대리인에게 부담이 된다. 왜냐하면 성실신고확인대상자는 종합소득세신고서와 별도로 성실신고확인서를 포함한 8가지 서류를 추가로 제출하여야 하며, 작성에 많은 시간과 노력이 필요하기 때문이다.

따라서 이에 대한 대가로 성실신고확인대상사업자에게 세무대리인은 성실신고확인수수료를 청구한다. 하지만 세법에서는 성실하게 신고하는 납세자에게 추가로 부담이 되지 않도록 하기 위하여 성실신고확인대상사업자가 세무대리인에게 지급한 성실신고확인에 직접 사용한 비용의 60%를 소득세에서 공제해준다.

### 성실신고 확인비용에 대한 세액공제

소득세법 제70조의2제1항에 따른 성실신고확인대상사업자가 성실신고확인서를 제출하는 경우에는 성실신고확인에 직접 사용한 비용의 100분의 60에 해당하는 금액을 해당 과세연도의 소득세에서 공제한다.
다만, 공제세액의 한도는 120만 원의 범위에서 대통령령으로 정한다.

조세특례제한법 제126조의6

### 공제세액

성실신고확인비용 × 60%(개인 120만 원, 법인 150만 원 한도)

참고로, 병원이 공동사업자라면 세액공제는 병원 사업장 전체가 아닌 구성원별로 계산하는 것이며 당해 구성원별로 120만 원을 한도로 한다. 예를 들어, 3인 공동원장이라면 세액공제 한도는 총 360만 원이 발생한다.

### 업종별 수입금액 요건

| 업종 | 수입금액 |
| --- | --- |
| 농업·도소매 등 | 15억 원 |
| 제조업·숙박·음식점 등 | 7억 5천만 원 |
| 보건업·전문서비스업 등 | 5억 원 |

병의원은 보건업에 해당하므로 성실신고확인대상사업자의 기준은 연 수입금액 5억 원이므로 1년 매출이 5억 원을 초과하는 병의원은 성실신고확인대상사업자로서 6월에 소득세를 신고납부해야 한다. 과세당국이 별도의 편의를 봐준 셈이다.

그렇다면 세무대리인에게 성실신고확인수수료를 지급한 후 세무서에 성실신고확인서를 제출하면 어떤 혜택이 있을까?

### 성실신고확인대상사업자 혜택

① 성실신고확인비용에 대한 세액공제
② 성실신고확인수수료 경비 인정
③ 경비처리에 따른 소득금액 감소로 건강보험료 감소
④ 교육비, 의료비공제

따라서 병원사업자의 성실신고확인비용에 대한 부담은 거의 없다. 오히려 2018년부터 공제한도액이 110만 원에서 120만 원으로 증가하여 세무대리인에게 성실신고확인비용을 지출하지 않는 것이 오히려 원장에게는 손해인 결과가 되었다!

### 〈사례〉 성실신고확인비용 실질 부담액

(단위: 원)

| 성실신고 확인비용 | 성실신고 세액공제 | 소득세 절감액 | 건강보험료 감소액 | 실질 부담액 |
|---|---|---|---|---|
| 2,000,000 | 1,200,000 | 836,000 | 130,000 | 0 (166,000 절세) |
| 3,000,000 | 1,200,000 | 1,254,000 | 195,000 | 351,000 |

만약, 홍절세(적용세율 38%)가 성실신고확인비용으로 세무사에게 200만 원을 지급했다면 오히려 166,000원이 입금되는 효과가 발생하게 된다!

성실신고확인제도의 도입으로 세무대리인의 직무정지 사례가 증가하고 있어 업계 종사자들의 부담이 커지고 있다. 성실신고사업자들은 성실신고확인수수료에 대한 실제 부담이 없으니 세무대리인을 위해 수수료 지급을 아까워하지 말고 증빙관리를 비롯한 업무협조를 적극적으로 해주었으면 하는 바람이다. 결국 성실신고에 대한 위험을 부담하는 주체는 납세자가 아닌 세무대리인이기 때문이다.

## 📥 엔젤투자 소득공제

흔히 알고 있는 엔젤투자 소득공제의 정식 명칭은 '벤처투자조합 출자 등에 대한 소득공제'이다. 모험자본(Venture Capital)에 대한 직접투자 또는 간접투자로 스타트업과 같은 벤처기업의 자본 확충 및 성장에 기여할 경우 개인투자자에게 고위험에 대한 대가로 소득공제의 혜택을 부여하는 제도이다.

이 제도는 소득세 부담이 큰 전문직 등의 고소득자들에게 절세 항목으로 인기 있는 제도로서 2018년 세법개정으로 소득공제율이 상향되고 투자대상이 확대되어 세제지원이 강화되었다.

세액공제를 비롯한 마땅히 적용할 만한 절세 항목이 없는 병의원이라면 충분히 활용할 만한 제도이다.

**벤처투자조합 출자 등에 대한 소득공제**

> 거주자가 다음 각 호의 어느 하나에 해당하는 출자 또는 투자를 하는 경우에는 2025년 12월 31일까지 출자 또는 투자한 금액의 100분의 10(제3호·제4호 또는 제6호에 해당하는 출자 또는 투자의 경우에는 출자 또는 투자한 금액 중 3천만 원 이하분은 100분의 100, 3천만 원 초과분부터 5천만 원 이하분까지는 100분의 70, 5천만 원 초과분은 100분의 30)에 상당하는 금액을 그 출자일 또는 투자일이 속하는 과세연도의 종합소득금액에서 공제한다.

조세특례제한법 제16조

**소득공제율**

| 투자대상 | 투자금액 | 공제율 |
|---|---|---|
| 개인투자조합(3호)<br>벤처기업 등 직접투자(4호)<br>크라우드 펀딩(6호) | 3천만 원 이하 | 100% |
| | 3천만 원~5천만 원 이하 | 70% |
| | 5천만 원 초과분 | 30% |
| 벤처투자조합(1호) | 투자금액 × 10% | |
| 벤처투자신탁(2호) | | |
| 창업·벤처전문 PEF(5호) | | |

 소득공제율은 투자대상에 따라 달라지며 대부분의 경우 투자금액의 전액 공제가 되는 3천만 원 이하의 제3호, 제4호, 제6호 투자대상을 활용한다.

**공제요건**

(1) 공제한도
= 종합소득금액 × 50%

(2) 의무보유기간
= 3년 (위반사유 발생 시 추징)

〈사례〉 벤처기업 직접투자(4호)

| 투자자 | 과세표준 | 적용세율 | 투자금액 | 소득공제액 | 절세액 |
|---|---|---|---|---|---|
| 성형외과 홍 원장 | 7억 원 | 46.2% | 1억 원 | 5,900만 원 | 2,726만 원 |
| 이비인후과 김 원장 | 4억 원 | 44% | 4천만 원 | 3,700만 원 | 1,628만 원 |
| 치과 박 원장 | 2억 원 | 41.8% | 3천만 원 | 3,000만 원 | 1,254만 원 |

우리나라의 소득세율이 지나치게 높다 보니 적용되는 한계세율이 높을수록 투자금액 대비 절세액이 커지는 것을 알 수 있다.

성형외과 홍 원장의 경우 1억 원의 투자원금에 대한 투자수익이 없더라도 절세만으로도 수익률이 27%가 확보되었다고 볼 수 있다. 만약 성장성이 확실한 투자처라면 투자하지 않을 이유가 없다고 본다.

## 📋 경력단절 여성 고용 기업 등에 대한 세액공제

우리나라와 비슷한 경제 규모를 가진 국가의 여성 연령별 취업률 곡선을 보면, 특히, 우리나라의 곡선의 모양이 M자 형태로 나타나는 것을 볼 수 있다. 즉, 20대 후반에서 30대 중반 여성의 취업률이 큰 폭으로 하락하여 결과적으로 비혼율 증가와 출산율 감소로 이어지고 있다.

경력단절 여성 고용 기업에 대한 세액공제는 이러한 타 국가 대비 열악한 경력단절 여성의 고용 안전을 지원하기 위하여 2015년에 신설된 제도로서 2018년에 공제 범위가 확대되었었다.

특히, 병의원은 직원의 대부분이 20~30대 여성 근로자이므로 주목해야 할 제도이다.

### 경력단절 여성 고용기업 세액공제

**경력단절 여성 고용 세액공제**

> 중소기업 또는 중견기업이 다음 각 호의 요건을 모두 충족하는 여성(이하 이 조 및 제30조에서 "경력단절 여성"이라 한다)과 2022년 12월 31일까지 1년 이상의 근로계약을 체결하는 경우에는 고용한 날부터 2년이 되는 날이 속하는 달까지 해당 경력단절 여성에게 지급한 대통령령으로 정하는 인건비의 100분의 30에 상당하는 금액을 해당 과세연도의 소득세 또는 법인세에서 공제한다.

조세특례제한법 제29조의3

**육아휴직복귀자 고용 세액공제**

중소기업 또는 중견기업이 다음 각 호의 요건을 모두 충족하는 사람(이하 이 조에서 "육아휴직복귀자"라 한다)을 2022년 12월 31일까지 복직시키는 경우에는 복직한 날부터 1년이 되는 날이 속하는 달까지 해당 육아휴직복귀자에게 지급한 대통령령으로 정하는 인건비의 100분의 30에 상당하는 금액을 해당 과세연도의 소득세 또는 법인세에서 공제한다.

조세특례제한법 제29조의3

**경력단절 여성 고용 공제세액(중소기업 기준)**

인건비 × 30%(고용일부터 2년이 되는 날까지 지급한 인건비)

**육아휴직복귀자 고용 공제세액(중소기업 기준)**

인건비 × 30%(복직일부터 1년이 되는 날까지 지급한 인건비)

그렇다면 본 규정의 적용 대상인 경력단절 여성과 육아휴직복귀자의 자격 요건에 대하여 알아보자.

◆ **경력단절 여성의 개념**

해당 기업 또는 동일업종 기업에서 1년 이상 근무

퇴직한 날부터 2년 이상 15년 미만의 기간 내 재고용

특수관계인 아닐 것(배우자, 3촌 이내 인척, 4촌 이내 혈족)

과거에는 경력단절 여성의 요건이 자녀가 초등 2학년 이하로 제한되어 있었으나 그 범위가 고등학교까지로 확대되어 적용 대상이 되는 여성이 크게 늘어났다.

**퇴직사유**

다음에 해당하는 결혼·임신·출산·육아 사유로 퇴직하였을 것

- 퇴직한 날부터 1년 이내에 혼인한 경우
- 퇴직한 날부터 2년 이내에 임신하거나 난임시술을 받은 경우
- 퇴직일 당시 임신한 상태인 경우
- 퇴직일 당시 8세 이하의 자녀가 있는 경우
- 퇴직일 당시 초·중등교육법 제2조에 따른 학교에 재학 중인 자녀가 있는 경우

조세특례제한법 제26조의3

### ◆ 육아휴직복귀자의 개념

해당기업에서 1년 이상 근무

육아 휴직 기간이 6개월 이상

특수관계인 아닐 것
(배우자, 3촌 이내 인척, 4촌 이내 혈족)

1년 내 근로관계 종료 시 추징

육아휴직복귀자는 경력단절 여성 세액공제와 달리 남녀 모두에게 적용된다. 따라서 남자 직원이 육아 휴직을 사용하면 적용할 수 있음에도 불구하고 이 사실을 몰라 놓치는 경우가 많다.

## 통합고용세액공제

2014년부터 정부가 고용촉진을 위해 시행했던 다양한 고용관련 세액공제가 2023년부터는 통합고용세액공제로 통합 및 단순화되었다.

이는 2020년에 여러 투자세액공제가 '통합투자 세액공제'로 통합된 것과 같은 맥락으로 복잡한 세액공제 제도를 단순화한 것은 납세자 편의를 고려한 바람직한 개편 방향이다.

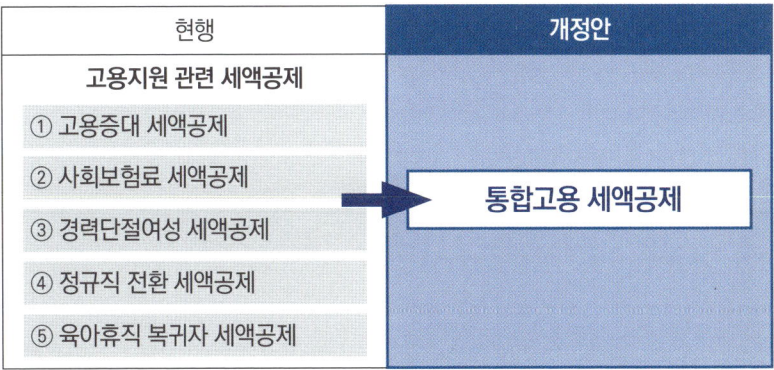

**통합고용세액공제**

내국인의 2025년 12월 31일이 속하는 과세연도까지의 기간 중 해당 과세연도의 대통령령으로 정하는 상시근로자의 수가 직전 과세연도의 상시근로자의 수보다 증가한 경우에는 다음 각 호에 따른 금액을 더한 금액을 해당 과세연도와 해당 과세연도의 종료일부터 2년(중소기업)이 되는 날이 속하는 과세연도까지의 소득세 또는 법인세에서 공제한다.

조세특례제한법 29조의8

### 기본공제

| 고용증가 인원 × 1인당 공제액 |
|---|

| 구분 | 공제액(중소기업, 3년 지원) ||
|---|---|---|
|  | 수도권 | 지방 |
| 상시근로자 | 850만 원 | 950만 원 |
| 청년 정규직, 장애인, 60세 이상, 경력단절 여성 등 | 1,450만 원 | 1,550만 원 |

※ 사후관리 : 공제 후 2년 이내 상시근로자 수가 감소하는 경우 공제금액 상당액을 추징

### 추가공제

| 정규직전환 · 육아휴직복귀자 인원 × 공제액 |
|---|

| 구분 | 공제액(중소기업, 1년 지원) |
|---|---|
| 정규직전환자 | 1,300만 원 |
| 육아휴직복귀자 |  |

※ 사후관리 : 전체 상시근로자 수 미감소/ 전환일·복귀일로부터 2년 이내 해당 근로자와의 근로관계 종료 시 공제금액 상당액 추징

### 청년 연령 범위 확대

| 개정전 | 개정후 |
|---|---|
| 15 ~ 29세 | 15 ~ 34세 |

2023년 고용관련 세법 개정의 가장 큰 효과는 세액공제 항목의 통합보다 청년 연령 범위의 확대이다. 즉, 청년의 기준이 만 34세 이하로 병의원을 비롯한 중소기업의 실질 취업연령을 대부분 포괄하게 되어 사업주에게 기존보다 훨씬 더 큰 절세 혜택이 돌아갈 것으로 예상된다.

〈사례〉

세종에서 정신건강의학과를 운영하고 있는 홍절세는 매출이 크게 증가하여 2023년에 직원을 3명(청년 2명) 추가 고용하였고, 이 중 1명은 정규직으로 전환된 인원이라면 홍절세가 받을 수 있는 세액공제액은 총 얼마일까?

(단위 : 만 원)

| | | 2023년 | 2024년 | 2025년 |
|---|---|---|---|---|
| 기본공제 | 청년 2인 | 1,550×2 = 3,100 | 1,550×2 = 3,100 | 1,550×2 = 3,100 |
| | 기타 1인 | 950 | 950 | 950 |
| 추가공제 (정규직 전환) | | 1,300 | | |
| 합계 | | 5,350 | 4,050 | 4,050 |

홍절세는 3명의 인원을 추가 고용함으로써 무려 1억 3,450만원의 고용지원금을 받는 효과가 생긴다!

이처럼 고용관련 세액공제가 정착되면서 병의원을 비롯한 중소기업의 개업 후 채용에 따른 자금 부담은 한결 낮아졌다. 하지만 세액공제 적용은 철저한 사후관리는 물론이고 오류 없는 장부작성이 전제되어야 한다. 만약 매출누락, 과다경비 산입과 같은 장부 오류가 있다면 세액공제는 원천적으로 적용할 수 없으니 유의하자.

## 🏥 성과공유 중소기업의 경영성과급에 대한 세액공제

경영성과급에 대한 세액공제는 중소기업에 근무하는 근로자의 임금 또는 복지 수준을 향상시키기 위하여 직원과 성과를 공유한 사업자에게 혜택을 주는 제도로서 충분히 적용이 가능함에도 불구하고 실제 적용 사례가 흔치 않은 보석 같은 제도이다. 말 그대로 병원의 실적이 목표를 달성했을 경우 당초 약정한 대로 직원에게 상여금을 지급한다면 본 규정을 적용할 수 있다.

### 성과공유 중소기업의 경영성과급에 대한 세액공제

「중소기업 인력지원 특별법」 제27조의2제1항에 따른 중소기업(이하 이 조에서 "성과공유 중소기업"이라 한다)이 대통령령으로 정하는 상시근로자에게 2024년 12월 31일까지 대통령령으로 정하는 경영성과급을 지급하는 경우 그 경영성과급의 100분의 15에 상당하는 금액을 해당 과세연도의 소득세 또는 법인세에서 공제한다.

조세특례제한법 제19조

그렇다면 성과 공유 중소기업에 해당되려면 어떤 요건을 갖추어야 할까?

### 성과공유기업(병의원 가능 요건)

중소기업과 근로자가 경영목표 설정 및 그 목표 달성에 따른 성과급 지급에 관한 사항을 사전에 서면으로 약정하고 이에 따라 근로자에게 지급하는 성과급 제도의 운영

### 경영성과급의 범위

1. 중소기업과 근로자가 경영목표 설정 및 그 목표 달성에 따른 성과급 지급에 관한 사항을 사전에 서면으로 약정하고 이에 따라 근로자에게 지급하는 성과급
2. 영업이익이 발생한 기업이 지급하는 성과급

**제외 근로자**

1. 근로계약기간이 1년 미만인 근로자
2. 단시간 근로자(1개월 60시간 미만)
3. 임원
4. 대표자와 특수관계인
5. 총급여액이 7천만 원을 초과하는 근로자

만약, 우리 병원이 수입금액을 기준으로 직원과 성과급을 책정한다면 사전에 서면으로 약정하고 경영성과급에 대한 세액공제를 적용할 수 있다.

〈사례〉

성형외과를 운영하는 홍절세가 직원들에게 2023년 초에 연매출 목표인 10억 원 초과 금액에 대한 상여금을 10% 지급한다는 약정을 한 후, 그해 매출이 12억 원이 되었다면 경영성과급에 대한 세액공제금액은 얼마일까?

→ 총성과급: (12억 원 - 10억 원) × 10% = 2,000만 원
   세액공제금액: 2,000만 원 × 15% = 300만 원

즉, 2,000만 원을 직원들에게 성과급으로 지급하였다면, 15%인 300만 원이 홍절세의 소득세에서 공제된다.

치과나 성형외과의 상담실장과 같이 기본급보다 성과 상여금의 비중이 큰 직원이 있거나 기본급보다 성과급 비중이 큰 구조로 급여 설계가 된 병원이라면 공제금액이 커 놓쳐서는 안 될 제도이다.

### 🏥 의료비 세액공제

의료비·교육비·월세 세액공제는 근로소득자에게 적용되는 혜택이지만 사업자 중에는 성실사업자와 성실신고확인대상사업자에게도 적용이 된다. 일반적으로 병의원은 성실신고확인대상사업자이므로 이 세 가지 공제는 요건을 충족한다면 적용할 수 있다.

먼저 의료비 세액공제에 대하여 알아보자.

**성실사업자에 대한 의료비 공제**

> 성실사업자 등이 의료비를 지출한 경우 그 지출한 금액의 100분의 15(난임시술비의 경우에는 100분의 30)에 해당하는 금액을 해당 과세연도의 사업소득세에 대한 소득세에서 공제한다.

조세특례제한법 제122조의3

### ◆ 공제대상금액

**(1) 난임시술비**

> 난임시술비 - 사업소득금액의 3% 미달금액

**(2) 본인·65세 이상자·장애인 의료비**

> 본인·65세 이상자·장애인 의료비 - 사업소득금액의 3% 미달금액

**(3) 그 외 공제대상자 의료비**

> MIN(그 외 공제대상자 의료비 - 사업소득금액 × 3%, 700만 원)

참고로, 실손의료보험금은 실부담액이 아니므로 지출 의료비에서 제외한다.

요약하면, 의료비 세액공제는 본인, 고령자, 장애인의 의료비와 난임시술비는 우선적으로 대부분 공제 적용되고 나머지 부양가족의 의료비는 한도 적용을 받는다.

## 🗂 교육비 세액공제

적용 대상임에도 불구하고 의외로 실무에서 많이 놓치고 있는 성실사업자의 교육비 세액공제에 대하여 알아보자.

### 성실사업자에 대한 교육비 공제

> 성실사업자 등이 해당 연도에 기본공제대상자를 위해 지출한 교육비 중 다음의 금액의 15%에 해당하는 금액을 해당 과세연도의 사업소득세에 대한 소득세에서 공제한다.

조세특례제한법 제122조의3

### ◆ 공제대상금액

| | 교육비 | 공제한도 |
|---|---|---|
| 본인 | 수업료 등 공납금, 대학원비, 직업능력개발훈련 수강료 | 없음 |
| 장애인 | 특수교육비 전액 | 없음 |
| 초·중·고·대학생 | 수업료 등 공납금, 방과 후 수업료, 교과서대, 급식비 | 초·중·고: 300만 원/1인<br>대학교: 900만 원/1인 |
| 영유아·취학 전 아동 | 유치원 교육비, 학원 및 체육시설 교육비 | 300만 원/1인 |

참고로 직계존속은 교육비 공제대상이 아니며(장애인 특수교육비 제외) 자녀 등의 국외교육비는 수업료 납입영수증과 재학증명서 등으로 공제받을 수 있다.

〈사례〉

| 교육비 지출 사례 | 공제 여부 |
|---|---|
| 직계존속이 장애인인 경우 | ○ |
| 시동생이나 처제가 기본공제에 해당하는 경우 | ○ |
| 맞벌이 부부의 배우자를 위한 교육비 | × |
| 계절학기 수강료로 타 대학에 납부한 교육비 | ○ |
| 국제학교에 지급한 교육비 | ○ |
| 조기유학자녀의 국외교육비 | × |

## 🏠 월세 세액공제

무주택자인 성실사업자 등이 임차로 거주하는 경우 월세 세액공제를 적용받아 주거비의 실질 부담액을 낮출 수 있다.

### 성실사업자에 대한 월세 세액공제

조세특례제한법 제122조의3

> 종합소득금액이 6천만 원 이하인 성실사업자 등이 제95조의2에 따른 월세액을 2023년 12월 31일이 속하는 과세연도까지 지급하는 경우 그 지급한 금액의 100분의 15(종합소득금액이 4천500만 원 이하인 성실사업자 등의 경우에는 100분의 17)에 해당하는 금액을 해당 과세연도의 소득세에서 공제한다.

### ◆ 공제금액

| 종합소득금액 6,000만 원 이하 | 월세액 × 15% |
|---|---|

| 종합소득금액 4,500만 원 이하 | 월세액 × 17% |
|---|---|

| 한도 | 월세액 750만 원/연 |
|---|---|

### ◆ 공제요건

- 동일 주소에 생계를 같이하는 배우자, 직계존비속 및 형제자매를 모두 포함하여 무주택이어야 할 것
- 전입신고 해야 할 것
- 본인명의로 직접 이체해야 할 것
- 국민주택규모의 주택일 것

일반적으로 월세 세액공제는 소득 기준금액이 낮다 보니 병의원은 창업 초기를 제외하면 적용하는 경우가 많지 않으나 성실사업자에게만 주는 혜택이니 꼭 챙기도록 하자.

# 제 6 장
## 수임 사례 분석

**원장님만 모르는 우리 병원 물장부**

이번 장에서는 남편의 개업과 함께 짧지 않은 시간 동안 병의원 세무대리를 수임하면서 느꼈던 사항 중 안타까웠던 몇 가지 사례를 공유하고자 한다. 현장에서 주말진료, 야간진료와 같은 반인권적(?)인 근로에 지친 원장님들에게 조금이나마 도움이 되었으면 하는 바램이다.

우리는 때때로 무언가를 꾸준히 하다가 주위를 둘러보면 어느새 나 혼자만 하고 있고 주위엔 아무도 없는 상황을 경험할 때가 있다. 신규로 개업하는 병의원이 아닌 기존 운영되고 있던 병의원을 수임하여 장부를 열어보면 깜짝 놀랄 때가 많다.
'아… 모두 나처럼 하는 것은 아니었구나…!' (유감스럽게도 자랑이 아니라 사실이다.) 그래서 예전부터 사례를 공유하여 한 번은 짚고 넘어야겠다고 생각하였다. 현실을 직시하라고.

상품과는 달리 사람이 하는 용역서비스는 경쟁 과열로 가격이 낮아질수록 서비스의 질이 저하되어 고객은 피해를 본다. 세무대리서비스도 높아진 직원의 인건비 충당을 위하여 박리다매를 하지 않으면 살아남기 힘든 구조이다 보니 저가 기장료가 일반화되었다. 그 결과 당연히 서비스의 질은 매우 낮아졌으나 다른 서비스와는 달리 고객이 직접 본인의 장부를 들여다볼 수 없다 보니 마치 포장지에 곱게 싸인 폭탄처럼 세무조사와 같은 이벤트가 있기 전에는 고객은 나의 장부 상태를 영원히 알 수 없다. 그야말로 폭탄 돌리기가 아닐 수 없다. 그렇다면 병의원들의 장부가 어떤 폭탄을 안고 있었는지 사례를 통해 알아보자.

### 🏥 매출 오류

　병의원 기장은 매출을 정확하게 파악하는 것이 1순위이다. 하지만 일반 회사의 매출과 달리 병원의 총진료수입을 파악하기 위해서는 여러 단계를 거쳐야 하므로 가장 오류가 많다. 이렇게 병의원의 흔한 장부상의 오류 사례 중 하나인 매출 오류에 대하여 알아보자.

〈사례〉

> **K의원 수입 사례**
>
> 의료수입을 진료 기준이 아닌 통장 입금 기준으로 인식하여 매년 12월 매출 누락
>
> 보험공단에서 3.3%의 세금을 원천징수하고 지급한 금액만을 매출로 인식하여 수년간 3.3% 세금만큼의 매출 누락

　당초에 K의원 원장의 세무대리인 교체 사유는 직원의 불친절함과 대응 불만족이었다. 원장은 본인의 병원 매출이 개업 후 5년간 지속적으로 잘못 신고되고 있다는 사실조차 알지 못한 채 폭탄을 고스란히 안고 있었던 것이다.

　매출 누락은 적발 시에 가장 처벌이 큰 항목이다. 누락한 금액 이상의 가산세와 과태료가 발생하며 금액이 거액일 경우 조세범 처벌도 받

을 수 있다. 하지만 제조업이나 서비스업과 다르게 병의원 매출은 세금계산서만으로 파악할 수 없는 복잡한 구조인 탓에 검증 과정을 거치지 않으면 오류가 있는 경우가 많다.

원장은 탈세 의도가 전혀 없었음에도 불구하고 지속적으로 매출이 누락되어 추후에 세무조사 과정에서 이로 인하여 엄청난 금액을 추징당하게 된다면 그 억울함은 말할 수 없을 것이다.

병의원 개원의라면 비용항목 하나하나까지는 아니더라도 우리 병원 매출이 정확하게 세금신고 시 반영되고 있는지 일 년에 한 번은 재무제표를 받아서 확인해보는 것이 꼭 필요하다.

## 📋 가공경비 무단 산입

병의원은 대부분 개업 첫해를 제외하면 매출이 5억 원을 초과하다 보니 성실신고확인대상자이다. 따라서 당연히 엄격하게 장부관리가 되고 있다고 미루어 짐작할 수 있겠지만 현실은 그렇지 않은 경우가 많다.

〈사례〉

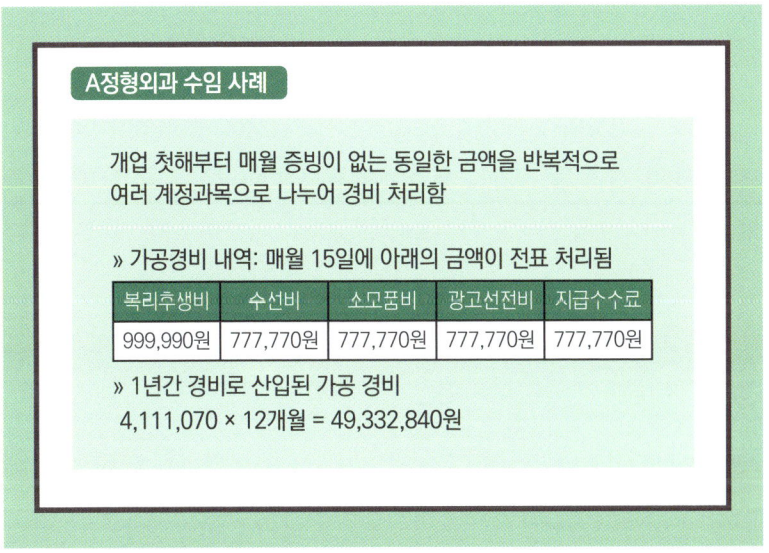

가공경비란 지출이 실제로 이루어지지 않았음에도 불구하고 비용으로 처리된 소위 가짜 경비를 말한다. A정형외과의 장부에는 매년 약 5천만 원의 증빙 없는 가공경비가 산입되어 있어 원장은 알지도 못한 채 비자발적 탈세가 이루어지고 있었다.

물론 몇몇 비양심적인 납세자가 적극적으로 요청하여 요식업, 의류업과 같은 사업자들 사이에서는 가공경비 산입이 공공연히 이루어지고 있다는 사실을 알고는 있었다. 하지만, 성실신고확인대상자의 경우 세무대리인에게 처벌이 가해지므로 당연히 가공경비 산입을 통한 탈세는 없으리라 생각했기에 위와 같은 현실은 가히 충격적이었다. 과세당국이 장부를 본다면 위의 사례는 1순위로 추징당할 뿐만이 아니라 장부에 대한 신뢰성이 심각히 손상되어 추가 피해를 볼 수 있다.

언제나 세무대리 시장은 정보의 비대칭성이 문제인 듯하다. 원장은 슬프게도 경영자이기 이전에 실무자이다 보니 경영에서 가장 핵심적인 재무관리를 신경 쓸 시간적 여력이 부족하여 이러한 사태가 벌어지는 것이다.

보다 효율적인 재무관리가 장기적인 수익성 향상에 도움이 되므로 원장은 별도의 시간을 내더라도 우리 병원 장부에 관심을 가지는 것이 필요하다고 생각된다.

### 📋 교육비·의료비 세액공제 누락

　성실신고대상자의 경우 일반사업자와 달리 종합소득세 신고 시 교육비 세액공제와 의료비 세액공제를 받을 수 있다. 하지만 새로 수임한 병원의 장부를 열어보면 의외로 이 두 가지 세액공제가 반영되지 않은 채 신고된 경우가 많았다.

〈사례〉

> **S피부과 수임 사례**
>
> 원장님의 2017년 대학원 교육비 1,600만 원 미반영으로 세액공제 240만 원 누락
>
> → 원장님은 서류를 제출했으므로 반영된 것으로 믿고 있었음

　S피부과 원장은 본인의 대학원 교육비 명세서를 세무사무소에 제출했으므로 당연히 세액공제로 반영되었다고 믿고 있었으며 별도로 반영 여부를 확인하지 않았다.

〈사례〉

> **B내과의원 수임 사례**
>
> 개업 이후 4년 동안 성실신고대상자였으나 교육비 공제, 의료비 공제를 안내 받은 바 없어 서류 제출도 하지 않았고 당연히 세액 공제도 전혀 받지 못함
>
> → 의료비뿐만 아니라 자녀 두 명의 영어유치원 교육비 지출이 수년간 상당했음에도 불구하고 전혀 공제받지 못한 것을 뒤늦게 알게 됨

B내과 원장과 상담을 하며, 개업 후 4년이 지나도록 성실신고자로서 교육비, 의료비공제가 가능하다는 사실조차 원장이 모르고 있었다는 것이 나로서는 당황스러웠다.

물론 여러 업체를 한꺼번에 신고해야 하는 담당자가 서류를 실수로 누락하여 잘못 신고할 수는 있지만, B내과의 사례와 같이 수년간 안내조차 되지 않고 세액공제가 전혀 반영이 되지 않은 것은 명백한 업무 처리 오류이다.

안타까운 것은 전국의 수많은 개원의들이 이와 같이 아무것도 모른 채 타 병원보다 몇만 원 저렴한 수수료에 만족하며 수백, 수천만 원의 절세 포인트를 놓치고 있다는 사실이다.

세금은 납부하기만 하면 끝나는 것이 아니다. 최소한 국세청에 제출

한 나의 소득세신고서를 한 번쯤 확인하여 소득공제와 세액공제가 적정하게 반영되었는지 간략하게라도 검증을 해보는 것이 이와 같은 대참사(?)를 막는 절세 지름길이라고 본다.

## 📑 통장 거래 미반영

국세청은 사업용 계좌 등록 및 사용을 의무화하여 이를 통하지 않고 경비를 지출한 것에 대하여 가산세를 부과하고 있다. 따라서 매출뿐만이 아니라 매입 등 각종 경비 지출에 따른 법적증빙(세금계산서, 계산서, 신용카드매출전표, 현금영수증)과 통장 거래내역이 일치해야 한다. 하지만 현실은 장부작성 시 통장 거래내역을 반영하지 않고 증빙만으로 기장을 하여 경비를 누락하는 경우가 많았다.

〈사례〉

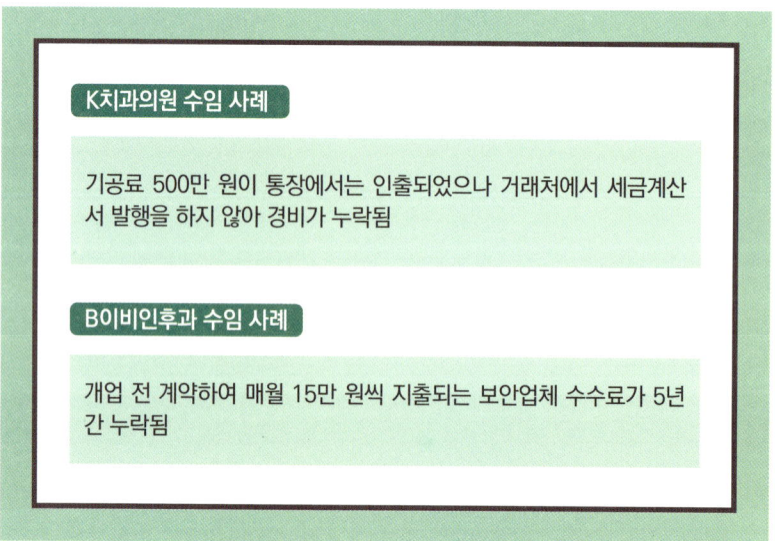

대부분의 경비는 사업용 계좌이체로 처리한다. 하지만 지출된 비용은 당연히 세금계산서가 발행되었다고 믿고 별도로 검증하지 않는 경

우가 많아 필연적으로 위와 같은 사례가 발생하게 된다.

 실제로 장부작성 시 통장 거래내역을 확인하다 보면 의외로 세금계산서의 중복 발행이나 발행 누락 등을 빈번하게 발견하게 된다. 하지만, 별도로 검증하지 않으면 오류를 발견하기 어렵다. 그래서 세무대리인은 꼭 통장 거래내역과 증빙을 대조하여 전표처리를 해야 함에도 불구하고 번거롭고 어려워 시간이 오래 걸린다는 이유로 생략하는 경우가 많은 것 같다.

 하지만, 통장 거래가 제대로 반영되고 있는지를 병원 입장에서는 확인하기 어려우므로 세무대리인 스스로가 책임감을 가지고 꼼꼼하게 기장을 해야 해결될 문제라고 본다.

## 📂 기장 벼락치기

　일반적으로 사업자는 세무대리인에게 매달 장부작성 수수료인 기장료를 지급한다. 당연히 나의 장부가 매월 작성·관리되고 있다고 생각하지만, 현실적으로는 월결산과 같은 경리 아웃소싱서비스를 신청하지 않는 이상 매월 장부가 작성되고 있는 경우는 거의 없다.

　하지만 매월 장부작성은 되지 않더라도 최소한 부가세 신고기간만큼은 모든 증빙이 통장에 맞추어 작성되고 관리가 되어야 한다. 그럼에도 하반기가 거의 끝날 때까지 장부작성이 전혀 되지 않은 경우가 많았다.

〈사례〉

> **Y의원 수임 사례**
>
> 2019년 10월에 수임하였으나 2018년 12월 31일까지만 장부작성이 되어 있고, 2019년 1월 이후에는 매출조차 집계되어 있지 않은 채 빈 장부로 이관받음

　우리는 Y의원의 빈 장부를 받고 적잖이 당황하였다. 내과나 가정의학과와 같은 의원은 일반적으로 면세사업자이다 보니 다음 해 2월 신

고기간이 임박하여 1년 치 기장을 한꺼번에 하는 경우 Y의원과 같은 상황이 발생하는 것으로 추정된다. 당연히 기장료는 매월 꼬박꼬박 지급되었음에도 전 세무대리인은 인건비 신고 외에는 1년 동안 장부와 관련된 아무런 일을 하지 않은 것이다.

당연히 급하면 체할 수밖에 없는 것이 이치이다 보니 여러 업체들을 한 명의 담당자가 바쁜 신고기간에 한꺼번에 벼락치기 하듯 처리하게 되면 실수는 필연적으로 발생한다. Y의원의 2018년 장부상에도 병원의 업무용 차량과 감가상각비 관련 계정이 잘못 반영된 것을 다수 발견하였다.

따라서, 우리 병원 장부가 매월은 아니더라도 매 분기마다 지속적으로 작성 및 관리가 되고 있는지 확인하는 것이 필요하다고 판단된다.

제 7 장

## 개원의가 궁금한

# 6가지

## 📋 개원 준비 기간에 지출한 비용도 경비처리가 될까?

〈사례〉

> 페이닥터로 근무한 지 3년 만에 양산에서 내과 개원을 준비 중인 홍절세는 부푼 마음으로 창업을 결심했지만, 막상 개원을 준비하다 보니 이것저것 고려할 일들이 한 둘이 아니었다. 특히 의료장비 구입과 인테리어 공사에 예상보다 큰 지출이 있어 자금 여력이 없는 상황에서, 대출수수료, 부동산중개수수료, 인허가 관련 비용 등 예상치 못한 비용들이 지속적으로 발생하였다. 그렇다면 홍절세와 같이 사업자등록 전 개업 준비 중에 지출된 많은 비용은 경비처리가 될 수 있을까?

사업 개시 전 발생한 사업 관련 비용은 사업자등록 전이라도 모두 경비로 인정된다. 다만 경비로 인정을 받으려면 원칙적으로 법적증빙인 세금계산서, 계산서, 신용카드매출전표, 현금영수증 중 하나를 수취해야 한다. 간이영수증은 비적격증빙에 해당하여 가산세 등 불이익이 있다. 또한 세금계산서를 수취하는 경우에는 사업자등록 전이므로 사업자등록번호가 없기 때문에 주민등록번호 기재분으로 세금계산서를 발급받으면 되니 증빙을 꼭 갖추는 것이 중요하다.

### 법적증빙 해당 여부

| 구분 | 법적증빙 여부 | 비고 |
| --- | --- | --- |
| 이체확인증, 입금표 | × | 지출 근거가 되므로 입증 수단이 될 수는 있으나 증빙불비가산세가 부과됨 |
| 거래명세표 | × | 단순히 거래에 관한 명세표임 |
| 간이영수증 | × | 3만 원 이하는 증빙불비가산세는 없음 |
| 계약서 | × | 거래 사실에 대한 입증서류이나 법적증빙이 아니므로 정규영수증이 아님 |

실무적으로 대부분 창업대출을 받아 개업하는 경우가 많아 사업자등록일은 실제 개업일보다 2~3개월 빠르다. 그 결과 사업자등록 전에 지출하는 기간이 길지는 않지만 세무대리인은 사업자등록 전의 지출을 모두 파악하기 어려우니 미리 챙겨서 정리해놓는 것이 좋다. 간혹 개업 준비 비용을 배우자나 직원의 카드로 결제하는 경우가 있는데 경비처리가 가능하니 놓치지 않아야 한다.

## 💰 통장에 돈이 남는데, 대출을 상환하는 게 좋을까?

〈사례〉
> 인천에서 통증의학과를 운영하고 있는 홍절세는 병원이 3년째 접어드니 어느 정도 안정적으로 수익이 발생하여 개원할 때 대출받았던 은행대출금 5억 원의 원금을 일부 상환하려고 한다. 그런데 재테크에 밝은 학교 선배 K로부터 대출은 갚지 않는 편이 절세를 할 수 있어 유리하고, 여유자금은 다른 곳에 투자하는 것이 더 이득이라는 말을 들었다. 과연 홍절세는 여유자금으로 대출을 상환해야 할까?

보통 영업이 잘되어 매출이 지속적으로 증가하는 병원 원장들에게 이 질문을 많이 받는다. 병의원은 개원 시 많은 자금이 소요되어 필요자금을 대부분 자기자금의 일부와 대출금으로 조달한다. 일반적으로 사업과 관련하여 금융기관에서 대출을 받으면 일정 기간 동안 이자와 원금을 분할하여 상환하게 된다. 이때 매달 내는 이자와 원금 상환액이 부담스러워 빚을 빨리 갚고 싶은 마음에 원금을 서둘러 상환하는 경우가 있는데, 이는 반드시 좋은 방법이라고 할 수는 없다. 그 이유는 크게 두 가지가 있다.

첫째, 이자비용의 절세효과 때문이다.

예를 들어 홍절세가 개원 자금으로 은행에서 5억 원을 대출받은 경우(단, 이자율이 4%라고 가정) 연간 2,000만 원(5억 원 × 4%)의 이자비용이 발생하게 된다. 그런데 이 비용은 사업 관련 비용으로 경비 처리가 가능하므로 대출금을 상환하지 않는 경우 총 800만 원(2,000만 원 × 40%)만큼의 절세효과를 볼 수 있지만 원금을 상환하게 되면 상환한 것만큼의 이자비용 절세효과를 누릴 수 없게 된다.

그러나 위에서 발생한 절세효과만으로는 대출금 상환 여부에 대해 결정을 할 수 없다. 왜냐하면 대출금이 없으면 나가지 않아도 될 이자비용이 현금으로 지출되었으므로 이 효과도 반영해주어야 하기 때문이다. 즉 현금으로 지출된 2,000만 원에서 이자비용으로 인한 절세효과 800만 원을 차감해주면 2,000만 원 - 800만 원 = 1,200만 원이 되는 것이고 이는 이자비용으로 인한 순수한 현금 지출액으로 평가될 수 있다.

즉, 이 경우 홍절세가 대출금을 갚지 않고 그 돈을 금융상품이나 부동산 등에 투자해서 얻는 세후 이익이 1,200만 원을 초과하면 대출금을 갚지 않는 것이 유리하고 1,200만 원 미만의 세후 이익을 얻는다면 대출금을 갚는 게 낫다는 결론이 나오게 되는 것이다.

| 이자비용 - (이자비용 × 소득세세율) 〈 세후투자수익 ⇒ 대출금 유지가 유리 |
| --- |
| 이자비용 - (이자비용 × 소득세세율) 〉 세후투자수익 ⇒ 대출금 상환이 유리 |

둘째, 홍절세가 대출금 상환 여부를 판단할 때 고려해야 할 것은 초과인출금이다.

세법에서는 개인의 경우 초과인출금에 대한 이자를 부인한다는 규정이 있다. 초과인출금이란 부채의 합계액이 사업용자산의 합계액을 초과하는 경우 그 초과하는 금액을 말하는 것이며 이러한 초과인출금에 대한 지급이자는 경비로 인정하지 않겠다는 것이다. 왜냐하면 자산을 초과하는 부채는 사업과 무관하게 개인적으로 사용되었다고 세법에서는 보기 때문이다.

일반적으로 개원 시 투자한 사업용자산은 매년 감가상각되어 금액이 줄어들므로 대출금을 상환하지 않는다면 자산가액보다 커져 초과인출금이 발생할 수밖에 없다.

따라서 홍절세의 대출금이 의료기기와 같은 자산가액보다 많다면 자산 초과액만큼은 이자비용이 경비처리되지 않으므로 상환하는 것이 유리하다. 어차피 경비처리되지 않으니 대출을 유지할 이유가 없는 것이다.

요약하면, 원장이 이자율 이상의 수익률을 올릴 수 있는 투자전문가가 아니라면 병원의 대출금은 의료기기와 같은 유형자산 규모만큼 유지하는 것이 최적의 절세방법이다.

## 🏥 병원과 거리가 먼 세무사무소도 괜찮을까?

〈사례〉

> 전주에서 안과를 운영하고 있는 홍절세는 병원 근처에 있는 관할 세무서장 출신의 세무사가 있는 세무사무소에서 기장을 맡겼다. 하지만 직원의 불친절과 업무 응대 미숙으로 불만이 쌓인 터라 세무대리인 교체를 생각 중이다. 그런데 검색을 해보면 대부분의 세무사무실이 수도권에 있어 병원과 거리가 멀다 보니 어떻게 해야 할지 난감하다.

상담을 하다 보면 사무실이 사업장과 멀어도 괜찮겠냐는 질문을 많이 듣는다. 반대로 사업장이 근처로 이사하여 가까운 곳이라 내방했다고 하는 경우도 종종 있다. 이처럼 많은 사업자가 세무사무소를 선택할 때 가장 먼저 떠올리는 기준은 '사업장과의 거리'인 것 같다. 그 이유를 생각해보면 사업자들은 자신의 사업장과 세무사무소가 가까울 때 심리적 안정감을 느껴서가 아닐까 추측해본다.

하지만 이제 이런 것은 더 이상 의미가 없는 고민이다. 과거에는 종이로 된 영수증과 같은 증빙서류를 직접 방문하여 받아 갔기에 가까운 곳이 당연히 편리하였으나 이제는 국세청 시스템 덕분에 증빙서류의 대부분이 디지털화되어 세무사무소를 방문할 일이 없어졌다. 오히려 우리 병원이 자료를 전달하기 위해 세무대리인의 사무실을 방문하는 일이 잦다면 그 세무사무소의 관리시스템에 문제가 있음을 의심해 봐야 한다.

세무대리계약을 체결하고 홈택스에 세무대리인으로 수임 등록이 되면, 세무사무소는 거래처의 세금계산서, 신용카드매출전표, 현금영수증을 자동으로 불러와 업무처리를 할 수 있다. 따라서 병원이 모아서 별도로 세무대리인에게 제출해야 할 자료는 종이로 된 세금계산서와 간이영수증 정도인데 이마저도 점점 사라지고 있는 추세이다.

요약하면, 세무사무소가 우리 병원과 가까운 곳에 있어야 할 이유는 전혀 없다. 중요한 것은 세무사무소의 명칭, 규모, 거리가 아니라 업종 전문성, 업무처리방식, 고객과의 소통방식이다.

**세무사무소의 선택 기준**

| 명칭, 규모, 사업장과의 거리 | 전문분야, 업무처리방식, 소통방식 |
|---|---|
| 고려사항 아님(x) | 필수 고려사항(O) |

특히 병의원이 세무대리인의 선택 시 1순위로 고려해야 할 조건은 전문성이다. 제조업과 도소매가 거래처의 대부분을 차지하는 세무사무소에서는 일반적이지 않은 병의원 세무회계의 전문적인 서비스를 기대하기 어렵다. 따라서 아무리 내 사업장과 가깝고 가격이 저렴하더라도 병의원을 주요 거래처로 하는 세무사무소가 아니면 선택하지 않는 것이 안전하다.

## 🔖 세금은 무조건 적게 내는 것이 좋은 게 아닐까?

**〈사례〉**

> 서울에서 치과를 운영하는 홍절세는 개원 7년 차임에도 언제나 경비를 두둑이(?) 마련하여 15%의 소득률로 소득세를 신고하고 있다. 하지만 새로 선임된 세무사가 치과의 소득률은 38%이므로 세무조사 가능성이 높다고 하여 은근히 걱정이다.

세무사가 골치 아파하는 병원에는 두 가지 종류가 있다. 이익률이 너무 낮아 세금을 거의 안 내는 병원과 반대로 경비가 모자라 소득률이 높아 세금 부담이 큰 병원이다. 전자는 홍절세와 같이 소득률이 낮아 오히려 세무간섭을 받을 가능성이 크고 후자는 세금 폭탄이라며 원장이 세무대리인을 원망할 가능성이 크다.

세금은 너무 적게 내는 것도, 너무 많이 내는 것도 문제다. 본인 업종의 표준소득률 내외로 지속적으로 납부하는 것이 가장 안전하다. 하지만 상담을 하다 보면 묻지도 따지지도 않고 "세금을 얼마만큼 줄여 줄 수 있나요?" 또는 "지인 병원은 영업이 더 잘되는데도 세금을 거의 안 냈다던데 우리는 왜 세금을 내야 하죠?"라는 단순 비교로 불만을 토로하며 세무사들을 곤혹스럽게 하는 사업자가 종종 있다.

나는 그들에게 이렇게 말한다.

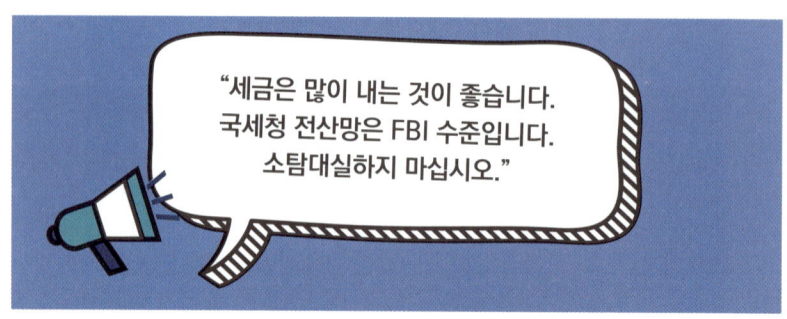

세무 환경이 예전과 크게 달라졌다. 국세청 전산시스템은 매출 누락과 가공경비 산입을 모두 알고 있다. 돈을 땅에 묻어두지 않는 이상 어떻게든 탈세의 흔적은 남기 때문이다. 국세청은 우리가 신용카드를 언제 얼마나 어디에서 썼는지, 어떤 차를 타고 다니는지, 해외여행을 가서 얼마를 썼는지 모두 알고 있다. 특히 요즘은 부동산을 구입할 때 자금 출처를 매우 꼼꼼하게 체크하기 때문에 소득을 누락하는 것은 위험천만한 행동이다. 국세청은 어쩌면 우리 자신보다 우리를 더 잘 알고 있을지도 모른다.

어떤 원장은 '걸리면 그때 낸다'라는 생각으로 개원 초기부터 이익이 났음에도 불구하고 첫해이니 손실을 만들어 세금을 안 내게 해달라고 요구하는 경우가 있다. 그야말로 위험천만한 방법이다. 특히 최근에는 현금영수증 의무발행 업종이 늘어나다 보니 아낀 세금보다 가산세가 더 커 영업의 존속이 불가능한 경우가 발생하기도 한다. 차라리 세금은 남들보다 조금 더 낸다고 생각하는 게 마음이 편하다.

그동안 탈세를 했지만 걸리지 않았다는 것은 국세청이 몰라서가 아니라 우선순위에 밀려 알면서도 나오지 않은 것이다. 최근 수임한 세무조사 사례는 법인이 3년간 세금신고를 전혀 하지 않아 본세금뿐만이 아니라 가산세가 더 큰 경우였다. 신고를 안 해도 몇 년간 아무 말이 없어 무사히 그 시간을 보낸 것 같았지만 결과는 가산세 폭탄이었다. 국세청은 몰랐던 것이 아니기 때문이다.

누구나 세금을 낼 때는 억울한 마음이 든다. '국가가 날 위해 해준 게 뭐라고 이렇게 많이 뜯어 가나!'라고 생각할 수 있지만 동일한 소득금액을 가진 근로자들도 그만큼 세금을 내고 있으니 너무 억울해할 필요는 없다. 단지 근로소득자는 원천징수 후에 급여를 지급하는 것이고 사업자는 일 년에 모아서 한꺼번에 내다 보니 더 실감이 나는 것일 뿐이다.

즉, 모든 재테크도 지속가능성이 중요하듯이 사업도 성실한 납세가 동반되어야 안정적으로 운영된다는 사실을 잊지 말아야 한다. 만약 대책 없는 절세를 권하는 세무사무소가 있다면 의심부터 해볼 일이다.

## 📋 기장계약, 어떻게 하는 게 현명할까?

〈사례〉

> 천안에서 산부인과 개업을 준비 중인 홍절세는 친구의 소개로 세무사와 기장계약 미팅을 앞두고 있다. 페이닥터만 하다 보니 세금에 관해서는 아무것도 모르는 터라 홍절세는 계약 시에 세무사에게 무엇을 물어봐야 하고 어떻게 계약서를 작성해야 할지 난감하다.

모든 '갑'과 '을' 사이에 발생하는 분쟁은 계약의 문제이다. 하지만 사업자들 중에서는 동업을 시작할 때, 동업계약서가 제일 중요함에도 불구하고 이를 제대로 작성하지 않거나 구두상으로 협의하는 경우가 많다. 다 아는 사이니 처음부터 이것저것 따지면 너무 야박하게 보이지 않을까 하는 우려를 하는 것이다.

세무사무소에 일을 처음 맡길 때도 비슷하다. 최근 수임한 거래처의 원장은 개원한 지가 오래되었음에도 불구하고 세무사와 계약서를 처음 써본다며 어색해했다. 원장 입장에서는 세무사가 어련히 잘 알아서 해주겠거니 하고 짐작하거나, 시시콜콜 설명 듣는 것이 귀찮아서일 수도 있다.

하지만 바로 이러한 점 때문에 수많은 갈등이 발생한다. 막상 분쟁이 발생했을 경우 계약서에 명시하지 않으면 서로 자기에게 유리한 대로 해석해버린다. 결국 서로 간에 감정이 격화되어 문제가 해결되지 않고 소송까지 연결된다.

이렇게 되면 세무사무소와 사업자 모두 피해자가 된다. 그렇다면 어떻게 해야 할까?

처음 계약 시에 번거롭더라도 계약서에 명시된 업무범위를 명확히 해야 한다. 그렇게 되면 서로 제공할 것과 받아야 할 것이 분명해지기 때문이다. 또한 사업을 하다가 추가로 업무를 확장할 필요가 있거나 줄일 필요가 있다면 그때 원활하게 조정하면 된다. 수수료도 당연히 업무량에 비례하여 증가하는 것도 받아들여야 한다.

가끔 상담하다 보면 병원의 기장을 맡길 테니 본인이 가지고 있는 부동산임대업의 기장을 무료로 해달라는 요청을 받는다. 기장을 수임한다는 것은 세무대리인이 세금신고의 위험과 책임을 납세자를 대신하여 지는 것이다. 이를 아무런 대가 없이 끼워팔기식으로 해달라는 것은 본인의 자산관리에 무책임하다는 방증이라고 본다. 나는 이런 고객은 정중히 보내드린다. 지식서비스의 가치를 가볍게 여기는 고객은 그 끝이 좋지 않음을 수년간 경험했기 때문이다.

인터넷을 보면 최저가 수수료로 모든 세무대리 업무를 해주는 것처럼 광고하는 사례를 많이 접하게 된다. 광고에서 제시하는 비용은 소위 낚시용 도구이며 그 속을 들여다보면 업무량에 따라 별반 다르지 않은 금액이 산출됨을 알 수 있다. 어차피 우리 병원의 담당자는 1인이고 세무사무소도 엄연한 사업이니 그 사업을 유지하려면 최소한의 이익을 내야 하기 때문에 결국은 비슷한 가격으로 수렴할 수밖에 없는 구조이기 때문이다.

우리 병원의 세무대리계약서를 쓰기 위해 세무사와 마주 앉은 그 순간을 대수롭게 여기지 않고 현명하게 기장계약을 하는 것이 안정적인 사업 운영에 핵심임을 잊지 말기 바란다.

## 📋 세무법인, 회계법인, 세무사, 회계사 어디에 맡길까?

**〈사례〉**
> 대전에서 피부과를 개업한 홍절세는 세무대리인을 알아보고 있다. 그런데 간판과 명함에 있는 명칭이 다양하여 그 차이가 무엇인지 궁금하다.

도시의 중심가나 세무서 근처 대로변을 지나가다 보면 간판에 가장 많이 보이는 업종이 병원, 학원, 세무사무소이다. 세무사무소는 하는 일이 다른지 세무법인○○, 세무사○○○, ○○회계법인, ○○세무컨설팅 등의 명칭으로 다양해 우리의 선택을 어렵게 만든다. 느낌상으론 왠지 개인 세무사보다 세무법인, 회계법인이 일을 더 잘하고 직원도 더 많을 것 같다. 게다가 세무사와 회계사는 뭐가 다르지? 혼란스러움이 가중된다. 그렇다면 개원한 원장의 입장에서 어떤 상호의 세무대리인을 선택해야 할까? 정답은 '명칭은 의미가 없다'는 사실이다.

꼭 기억하자. 나의 병원은 대한민국 어디에 맡겨도 단 한 사람! 단 한 사람의 담당자가 일을 처리한다는 사실을.

세무사법상 세무법인은 1인으로 지점 설치가 가능하다(세무사법 제16조의10). 그리고 공인회계사법상 회계법인은 3인으로 지점 설치가 가능하다(공인회계사법시행령 제22조). 다시 말해 법인이라는 상호만 공유할 뿐 내부는 한 사람의 세무사나 회계사가 관리하는 피라미드형 조직이다. 설사 한 사무실 내에 여러 세무사가 있더라도 지붕만 함께 하는 독립채산제의 형태이므로 여러 세무사가 우리 병원을 함께 관리하는 일은 없다.

따라서, 세무대리인 선택 시 집중해서 관찰해야 할 것은 명칭이 아니라 세무사무실 내부 운영 구조이다. 계약 전 확인할 수 있는 몇 가지 검증기준을 제시하면,

### 세무사나 회계사가 거래처를 직접 관리하는지 확인할 것

의외로 소위 '사무장사무실'로 불리는 세무사나 회계사의 명의를 대여하여 운영하는 사무실이 많으니 사전에 피하도록 하자. 명백한 불법이다. 당연히 이런 사무실은 유사시 책임을 지지 않는 경우가 많아 매우 위험하다.

### 거래처 중 병의원의 비중이 30% 넘는지 확인할 것

※ 30%는 나의 경험상 적정하다고 판단되는 임의적 수치임

업종의 절대다수를 차지하는 제조업이나 도소매, 요식업이 대부분이고 병의원 거래처는 소수인 세무사사무실은 오류가 많고 개정사항의 업데이트가 제대로 되지 않으므로 피하는 게 좋다. 특히 이런 곳은 직원들도 병의원 업종을 자주 접하지 않다 보니 업무에 대한 이해도가 낮다.

### 세무사나 회계사가 실무에 어느 정도 관여하는지 확인할 것

세무사 중에서는 양도, 상속, 증여, 세무조사와 같은 특정 분야에만 관여하고 기장과 관련된 실무는 전혀 관여하지 않는 세무사들이 있다. 당연히 실무를 관여하지 않다 보니 직원들의 업무처리에 대한 검증을 하지 않아 이런 사무실의 업체들 장부에는 일관성이 없고 오류가 누적되는 경우가 흔하다.

　한편, 회계사 중에서는 회계감사와 용역에만 관여하고 기장은 일체 관여하지 않는 회계사들이 있다. 주로 회계법인의 지점 형태로 개업한 회계사들이 그러하며 이런 사무실은 일반적으로 직원 이직률이 높은 편이고 사무장과 암묵적으로 계약이 되어 있는 경우가 있으니 유의하자.

　따라서, 세법의 변동이 크지 않고 전문성이 없는 제조업 등의 업종들은 어떤 세무대리인을 선택해도 크게 문제가 없을 수도 있지만 나의 경험상 병의원은 위와 같은 사례에 해당하는 세무대리인의 선택으로 피해를 보는 경우가 많았으니 유의하자.

　세무대리인은 중요한 사업 파트너이다. 최고의 파트너와 함께하는 것이 지속가능성 있는 병원 운영의 비결이므로 단순 수수료 비교가 아닌 내부적인 구조를 파악하여 신중히 세무대리인을 선택하는 것이 꼭 필요하다고 본다. 여러 세무사무소에 전화하여 수수료만을 비교해서 가장 싼 곳을 선택하는 어리석음을 범하지 말자. '싼 게 비지떡'이라는 말이 가장 맞아떨어지는 곳이 세무대리 시장이라고 보면 된다.

## 원장님의 경제적 자유를 도와줄 의사마누라의 강력 추천 도서

- 롭 무어 『레버리지』, 『머니』
- 팀 페리스 『나는 4시간만 일한다』, 『타이탄의 도구들』
- 토머스 J. 스탠리 『부자들의 선택』
- 엠제이 드마코 『부의 추월차선』
- 김승호 『사장학개론』
- 사이토 히토리 『1퍼센트 부자의 법칙』
- 조지 S. 클레이슨 『바빌론 부자들의 돈 버는 지혜』
- 밀턴 프리드먼 『자본주의와 자유』
- 피터 드러커 『피터 드러커의 자기경영노트』
- 이즈미 마사토 『부자의 그릇』
- 보도 섀퍼 『보도 섀퍼의 돈』
- 로버트 기요사키 『부자 아빠 가난한 아빠』
- 토마 피케티 『21세기 자본』
- 마르틴 림벡 『영업의 고수는 다르게 생각한다』
- 데일 카네기 『데일 카네기 인간관계론』
- 벤저민 그레이엄 『현명한 투자자』
- 나폴레온 힐 『생각하라 그리고 부자가 되어라』
- 존 스튜어트 밀 『자유론』
- 프리드리히 A. 하이에크 『노예의 길』
- 김용운 『역사의 역습』

# 부록

# 【병의원에 적용 가능한 조세특례제한법상 세액공제 및 세액감면】

## 제7조(중소기업에 대한 특별세액감면)

① 중소기업 중 다음 제1호의 감면 업종을 경영하는 기업에 대해서는 2025년 12월 31일 이전에 끝나는 과세연도까지 해당 사업장에서 발생한 소득에 대한 소득세 또는 법인세에 제2호의 감면 비율을 곱하여 계산한 세액상당액(제3호에 따라 계산한 금액을 한도로 한다)을 감면한다. 다만, 내국법인의 본점 또는 주사무소가 수도권에 있는 경우에는 모든 사업장이 수도권에 있는 것으로 보고 제2호에 따른 감면 비율을 적용한다.

1. 감면 업종

허.「의료법」에 따른 의료기관을 운영하는 사업[의원·치과의원 및 한의원은 해당 과세연도의 수입금액(기업회계기준에 따라 계산한 매출액을 말한다)에서「국민건강보험법」제47조에 따라 지급받는 요양급여비용이 차지하는 비율이 100분의 80 이상으로서 해당 과세연도의 종합소득금액이 1억 원 이하인 경우에 한정한다. 이하 이 조에서 "의료업"이라 한다]

2. 감면 비율. 다만, 제1호무목에 따른 업종을 경영하는 사업장의 경우 나목, 다목 및 바목에도 불구하고 나목, 다목 및 바목의 감면 비율에 100분의 50을 곱한 비율로 한다.

가. 대통령령으로 정하는 소기업(이하 이 조에서 "소기업"이라 한다)이 도매 및 소매업, 의료업(이하 이 조에서 "도매업등"이라 한다)을 경영하는 사업장: 100분의 10

나. 소기업이 수도권에서 제1호에 따른 감면 업종 중 도매업등을 제외한 업종을 경영하는 사업장: 100분의 20

다. 소기업이 수도권 외의 지역에서 제1호에 따른 감면 업종 중 도매업 등을 제외한 업종을 경영하는 사업장: 100분의 30

라. 소기업을 제외한 중소기업(이하 이 조에서 "중기업"이라 한다)이 수도권 외의 지역에서 도매업 등을 경영하는 사업장: 100분의 5

마. 삭제

바. 중기업이 수도권 외의 지역에서 제1호에 따른 감면 업종 중 도매업 등을 제외한 업종을 경영하는 사업장: 100분의 15

3. 감면한도: 다음 각 목의 구분에 따른 금액
가. 해당 과세연도의 상시근로자 수가 직전 과세연도의 상시근로자 수보다 감소한 경우: 1억 원에서 감소한 상시근로자 1명당 5백만 원씩을 뺀 금액(해당 금액이 음수인 경우에는 영으로 한다)
나. 그 밖의 경우: 1억 원

② 제1항을 적용할 때 다음 각 호의 요건을 모두 충족하는 중소기업의 경우에는 제1항제2호의 규정에도 불구하고 제1항제2호에 따른 감면 비율에 100분의 110을 곱한 감면 비율을 적용한다.
1. 해당 과세연도 개시일 현재 10년 이상 계속하여 해당 업종을 경영한 기업일 것
2. 해당 과세연도의 종합소득금액이 1억 원 이하일 것
3. 「소득세법」 제59조의4제9항에 따른 성실사업자로서 제122조의3제1항제1호, 제2호 및 제4호의 요건을 모두 갖춘 자일 것

③ 제2항을 적용받으려는 내국인은 대통령령으로 정하는 바에 따라 감면신청을 하여야 한다.

④ 제1항을 적용할 때 상시근로자의 범위, 상시근로자 수의 계산방법과 그 밖에 필요한 사항은 대통령령으로 정한다.

### 제16조(벤처투자조합 출자 등에 대한 소득공제)

① 거주자가 다음 각 호의 어느 하나에 해당하는 출자 또는 투자를 하는 경우에는 2025년 12월 31일까지 출자 또는 투자한 금액의 100분의 10(제3호·제4호 또는 제6호에 해당하는 출자 또는 투자의 경우에는 출자 또는 투자한 금액 중 3천만 원 이하분은 100분의 100, 3천만 원 초과분부터 5천만 원 이하분까지는 100분의 70, 5천만 원 초과분은 100분의 30)에 상당하는 금액(해당 과세연도의 종합소득금액의 100분의 50을 한도로 한다)을 그 출자일 또는 투자일이 속하는 과세연도(제3항의 경우에는 제1항제3호·제4호 또는 제6호에 따른 기업에 해당하게 된 날이 속하는 과세연도를 말한다)의 종합소득금액에서 공제(거주자가 출자일 또는 투자일이 속하는 과세연도부터 출자 또는 투자 후 2년이 되는 날이 속하는 과세연도까지 1과세연도를 선택하여 대통령령으로 정하는 바에 따라 공제시기 변경을 신청하는 경우에는 신청한 과세연도의 종합소득금액에서 공제)한다. 다만, 타인의 출자지분이나 투자지분 또는 수익증권을 양수하는 방법으로 출자하거나 투자하는 경우에는 그러하지 아니하다.

1. 벤처투자조합, 신기술사업투자조합 또는 전문투자조합에 출자하는 경우
2. 대통령령으로 정하는 벤처기업투자신탁(이하 이 조에서 "벤처기업투자신탁"이라 한다)의 수익증권에 투자하는 경우
3. 개인투자조합에 출자한 금액을 벤처기업 또는 이에 준하는 창업 후 3년 이내의 중소기업으로서 대통령령으로 정하는 기업(이하 이 조 및 제16조의5에서 "벤처기업 등"이라 한다)에 대통령령으로 정하는 바에 따라 투자하는 경우
4. 「벤처기업육성에 관한 특별조치법」에 따라 벤처기업 등에 투자하는 경우
5. 창업·벤처전문 경영참여형 사모집합투자기구에 투자하는 경우
6. 「자본시장과 금융투자업에 관한 법률」 제117조의10에 따라 온라인소액투자중개의 방법으로 모집하는 창업 후 7년 이내의 중소기업으로서 대통령령으로 정하는 기업의 지분증권에 투자하는 경우

② 제1항 각 호 외의 부분 본문에 따라 소득공제를 적용받은 거주자가 출자일 또는 투자일부터 3년이 지나기 전에 다음 각 호의 어느 하나에 해당하게 되면 그 거주자의 주소지 관할 세무서장, 원천징수의무자 또는 벤처기업투자신탁을 취급하는 금융기관은 대통령령으로 정하는 바에 따라 거주자가 이미 공제받은 소득금액에 해당하는 세액을 추징한다. 다만, 출자자 또는 투자자의 사망이나 그 밖에 대통령령으로 정하는 사유로 인한 경우에는 그러하지 아니하다.
1. 제1항제1호 및 제5호에 따른 출자지분 또는 투자지분을 이전하거나 회수하는 경우
2. 제1항제2호에 규정된 벤처기업투자신탁의 수익증권을 양도하거나 환매(還買, 일부환매를 포함한다)하는 경우
3. 제1항제3호, 제4호 및 제6호에 규정된 출자지분 또는 투자지분을 이전하거나 회수하는 경우

③ 제1항에 따른 소득공제는 투자 당시에는 같은 항 제3호·제4호 또는 제6호에 따른 기업에 해당하지 아니하였으나, 투자일부터 2년이 되는 날이 속하는 과세연도까지 같은 항 제3호·제4호 또는 제6호에 따른 기업에 해당하게 된 경우에도 적용한다.

④ 제1항과 제2항을 적용하는 경우 공제액의 한도와 계산, 소득공제의 신청, 그 밖에 필요한 사항은 대통령령으로 정한다.

### 제19조(성과공유 중소기업의 경영성과급에 대한 세액공제 등)

① 「중소기업 인력지원 특별법」 제27조의2제1항에 따른 중소기업(이하 이 조에서 "성과공유 중소기업"이라 한다)이 대통령령으로 정하는 상시근로자(이하 이 조에서 "상시근로자"라 한다)에게 2024년 12월 31일까지 대통령령으로 정하는 경영성과급(이하 이 조에서 "경영성과급"이라 한다)을 지급하는 경우 그 경영성과급의 100분의 15에 상당하는 금액을 해당 과세연도의 소득세(사업소득에 대한 소득세만 해당한다) 또는 법인세에서 공제한다. 다만, 성과공유 중소기업의 해당 과세연도의 상시근로자 수가 직전 과세연도의 상시근로자 수보다 감소한 경우에는 공제하지 아니한다.

② 성과공유 중소기업의 근로자 중 다음 각 호에 해당하는 사람을 제외한 근로자가 해당 중소기업으로부터 2024년 12월 31일까지 경영성과급을 지급받는 경우 그 경영성과급에 대한 소득세의 100분의 50에 상당하는 세액을 감면한다.
1. 해당 과세기간의 총급여액이 7천만 원을 초과하는 사람
2. 해당 기업의 최대주주 등 대통령령으로 정하는 사람

③ 제1항 및 제2항을 적용받으려는 중소기업과 근로자는 대통령령으로 정하는 바에 따라 세액공제 또는 세액감면을 신청하여야 한다.

④ 제1항 및 제2항에서 규정한 사항 외에 상시근로자 수의 계산방법, 소득세 감면의 계산방법, 그 밖에 필요한 사항은 대통령령으로 정한다.

### 제24조(통합투자세액공제)

① 대통령령으로 정하는 내국인이 제1호가목 또는 나목에 해당하는 자산에 투자(중고품 및 대통령령으로 정하는 리스에 의한 투자는 제외한다. 이하 이 조에서 같다)하는 경우에는 제2호 각 목에 따른 기본공제 금액과 추가공제 금액을 합한 금액을 해당 투자가 이루어지는 과세연도의 소득세(사업소득에 대한 소득세만 해당한다) 또는 법인세에서 공세한나.
1. 공제대상 자산
가. 기계장치 등 사업용 유형자산. 다만, 대통령령으로 정하는 자산은 제외한다.
나. 가목에 해당하지 아니하는 유형자산과 무형자산으로서 대통령령으로 정하는 자산

2. 공제금액
가. 기본공제 금액: 해당 과세연도에 투자한 금액의 100분의 1(중견기업은 100분의 5, 중소기업은 100분의 10)에 상당하는 금액. 다만, 대통령령으로 정하는 신성장·원천기술의 사업화를 위한 시설(이하 이 조에서 "신성장사업화시설"이라 한다)에 투자하는 경우에는 100분의 3(중견기업은 100분의 6, 중소기업은 100분의 12)에 상당하는 금액으로 한다.
나. 추가공제 금액: 해당 과세연도에 투자한 금액이 해당 과세연도의 직전 3년간 연평균 투자 또는 취득금액을 초과하는 경우에는 그 초과하는 금액의 100분의 3에 상당하는 금액. 다만, 추가공제 금액이 기본공제 금액을 초과하는 경우에는 기본공제 금액의 2배를 그 한도로 한다.
3. 임시 투자 세액공제금액
가. 기본공제 금액: 2023년 12월 31일이 속하는 과세연도에 투자한 금액의 100분의 3(중견기업은 100분의 7, 중소기업은 100분의 12)에 상당하는 금액.
나. 추가공제 금액: 2023년 12월 31일이 속하는 과세연도에 투자한 금액이 해당 과세연도의 직전 3년간 연평균 투자 또는 취득금액을 초과하는 경우에는 그 초과하는 금액의 100분의 10에 상당하는 금액. 다만, 추가공제 금액이 기본공제 금액을 초과하는 경우에는 기본공제 금액의 2배를 그 한도로 한다.

② 제1항에 따른 투자가 2개 이상의 과세연도에 걸쳐서 이루어지는 경우에는 그 투자가 이루어지는 과세연도마다 해당 과세연도에 투자한 금액에 대하여 제1항을 적용한다.

③ 제1항에 따라 소득세 또는 법인세를 공제받은 자가 투자완료일부터 5년 이내의 기간 중 대통령령으로 정하는 기간 내에 그 자산을 다른 목적으로 전용하는 경우에는 공제받은 세액공제액 상당액에 대통령령으로 정하는 바에 따라 계산한 이자 상당 가산액을 가산하여 소득세 또는 법인세로 납부하여야 한다. 이 경우 해당 세액은 「소득세법」 제76조 또는 「법인세법」 제64조에 따라 납부하여야 할 세액으로 본다.

④ 제1항을 적용받으려는 내국인은 대통령령으로 정하는 바에 따라 세액공제신청을 하여야 한다.

⑤ 제1항부터 제4항까지의 규정을 적용할 때 투자금액의 계산방법, 해당 과세연도의 직전 3년간 연평균 투자금액의 계산방법, 신성장사업화시설의 판정방법 및 그 밖에 필요한 사항은 대통령령으로 정한다.

## 제29조의3(경력단절 여성 고용 기업 등에 대한 세액공제)

① 중소기업 또는 중견기업이 다음 각 호의 요건을 모두 충족하는 여성(이하 이 조 및 제30조에서 "경력단절 여성"이라 한다)과 2022년 12월 31일까지 1년 이상의 근로계약을 체결하는 경우에는 고용한 날부터 2년이 되는 날이 속하는 달까지 해당 경력단절 여성에게 지급한 대통령령으로 정하는 인건비의 100분의 30(중견기업의 경우에는 100분의 15)에 상당하는 금액을 해당 과세연도의 소득세(사업소득에 대한 소득세만 해당한다) 또는 법인세에서 공제한다.
1. 해당 기업 또는 해당 기업과 대통령령으로 정하는 분류를 기준으로 동일한 업종의 기업에서 1년 이상 근무(대통령령으로 정하는 바에 따라 경력단절 여성의 근로소득세가 원천징수되었던 사실이 확인되는 경우로 한정한다)한 후 대통령령으로 정하는 결혼·임신·출산·육아 및 자녀교육의 사유로 퇴직하였을 것
2. 제1호에 따른 사유로 퇴직한 날부터 2년 이상 15년 미만의 기간이 지났을 것
3. 해당 기업의 최대주주 또는 최대출자자(개인사업자의 경우에는 대표자를 말한다)나 그와 대통령령으로 정하는 특수관계인이 아닐 것

② 중소기업 또는 중견기업이 다음 각 호의 요건을 모두 충족하는 사람(이하 이 조에서 "육아휴직 복귀자"라 한다)을 2022년 12월 31일까지 복직시키는 경우에는 복직한 날부터 1년이 되는 날이 속하는 달까지 해당 육아휴직 복귀자에게 지급한 대통령령으로 정하는 인건비의 100분의 30(중견기업의 경우에는 100분의 15)에 상당하는 금액을 해당 과세연도의 소득세(사업소득에 대한 소득세만 해당한다) 또는 법인세에서 공제한다. 다만, 해당 중소기업 또는 중견기업의 해당 과세연도의 상시근로자 수가 직전 과세연도의 상시근로자 수보다 감소한 경우에는 공제하지 아니한다.
1. 해당 기업에서 1년 이상 근무하였을 것(대통령령으로 정하는 바에 따라 해당 기업이 육아휴직 복귀자의 근로소득세를 원천징수하였던 사실이 확인되는 경우로 한정한다)
2. 「남녀고용평등과 일·가정 양립 지원에 관한 법률」 제19조제1항에 따라 육아휴직한 경우로서 육아휴직 기간이 연속하여 6개월 이상일 것
3. 해당 기업의 최대주주 또는 최대출자자(개인사업자의 경우에는 대표자를 말한다)나 그와 대통령령으로 정하는 특수관계인이 아닐 것

③ 제2항에 따라 소득세 또는 법인세를 공제받은 기업이 해당 기업에 복직한 날부터 1년이 지나기 전에 해당 육아휴직 복귀자와의 근로관계를 종료하는 경우에는 근로관계가 종료한 날이 속하는 과세연도의 과세표준신고를 할 때 공제받은 세액에 상당하는 금액을 소득세 또는 법인세로 납부하여야 한다.

④ 제2항은 육아휴직 복귀자의 자녀 1명당 한 차례에 한정하여 적용한다.

⑤ 제1항 또는 제2항을 적용받으려는 중소기업 또는 중견기업은 대통령령으로 정하는 바에 따라 세액공제신청을 하여야 한다.

⑥ 제2항을 적용할 때 상시근로자의 범위와 상시근로자의 수의 계산방법, 그 밖에 필요한 사항은 대통령령으로 정한다.

### 제29조의4(근로소득을 증대시킨 기업에 대한 세액공제)

① 중소기업 또는 중견기업이 다음 각 호의 요건을 모두 충족하는 경우에는 2025년 12월 31일이 속하는 과세연도까지 직전 3년 평균 초과 임금증가분의 100분의 20(중견기업의 경우에는 100분의 10)에 상당하는 금액을 해당 과세연도의 소득세(사업소득에 대한 소득세만 해당한다) 또는 법인세에서 공제한다.
1. 대통령령으로 정하는 상시 근로자(이하 이 조에서 "상시근로자"라 한다)의 해당 과세연도의 평균임금 증가율이 직전 3개 과세연도의 평균임금 증가율의 평균(이하 이 조에서 "직전 3년 평균임금 증가율의 평균"이라 한다)보다 클 것
2. 해당 과세연도의 상시근로자 수가 직전 과세연도의 상시 근로자 수보다 크거나 같을 것

② 제1항에 따른 직전 3년 평균 초과 임금증가분은 다음 계산식에 따라 계산한 금액으로 한다.
직전 3년 평균 초과 임금증가분 = [해당 과세연도 상시근로자의 평균임금 − 직전 과세연도 상시근로자의 평균임금 × (1 + 직전 3년 평균임금 증가율의 평균)] × 직전 과세연도 상시근로자 수

③ 중소기업 또는 중견기업이 다음 각 호의 요건을 모두 충족하는 경우에는 2025년 12월 31일이 속하는 과세연도까지 근로기간 및 근로형태 등 대통령령으로 정하는 요건을 충족하는 정규직 전환 근로자에 대한 임금증가분 합계액의 100분의

20(중견기업의 경우에는 100분의 10)에 상당하는 금액을 해당 과세연도의 소득세 또는 법인세에서 공제한다.
1. 해당 과세연도에 정규직 전환 근로자가 있을 것
2. 해당 과세연도의 상시근로자 수가 직전 과세연도의 상시 근로자 수보다 크거나 같을 것

④ 제3항에 따라 소득세 또는 법인세를 공제받은 내국인이 공제를 받은 과세연도 종료일부터 1년이 되는 날이 속하는 과세연도의 종료일까지의 기간 중 정규직 전환 근로자와의 근로관계를 종료하는 경우에는 근로관계가 종료한 날이 속하는 과세연도의 과세표준신고를 할 때 대통령령으로 정하는 바에 따라 계산한 세액을 소득세 또는 법인세로 납부하여야 한다.

⑤ 제1항에도 불구하고 중소기업이 다음 각 호의 요건을 모두 충족하는 경우에는 2025년 12월 31일이 속하는 과세연도까지 전체 중소기업의 평균임금증가분을 초과하는 임금증가분의 100분의 20에 상당하는 금액을 제1항에 따른 금액 대신 해당 과세연도의 소득세(사업소득에 대한 소득세만 해당한다) 또는 법인세에서 공제할 수 있다.
1. 상시 근로자의 해당 과세연도의 평균임금 증가율이 전체 중소기업 임금증가율을 고려하여 대통령령으로 정한 비율보다 클 것
2. 해당 과세연도의 상시근로자 수가 직전 과세연도의 상시 근로자 수보다 크거나 같을 것
3. 직전 과세연도의 평균임금 증가율이 음수가 아닐 것

⑥ 제5항에 따른 전체 중소기업의 평균임금증가분을 초과하는 임금증가분은 다음 계산식에 따라 계산한 금액으로 한다.
전체 중소기업의 평균임금증가분을 초과하는 임금증가분 = [해당 과세연도 상시근로자의 평균임금 − 직전 과세연도 상시근로자의 평균임금 × (1 + 전체 중소기업 임금증가율을 고려하여 대통령령으로 정한 비율)] × 직전 과세연도 상시근로자 수

⑦ 제1항 또는 제3항을 적용받으려는 내국인은 대통령령으로 정하는 바에 따라 세액공제신청을 하여야 한다.

⑧ 제1항부터 제4항까지의 규정을 적용할 때 임금의 범위, 평균임금 증가율 및 직전 3년 평균임금 증가율의 평균의 계산방법, 정규직 전환 근로자의 임금 증가분 합계액과 그 밖에 필요한 사항은 대통령령으로 정한다.

## 제29조의7(고용을 증대시킨 기업에 대한 세액공제)

① 내국인(소비성서비스업 등 대통령령으로 정하는 업종을 경영하는 내국인은 제외한다. 이하 이 조에서 같다)의 2024년 12월 31일이 속하는 과세연도까지의 기간 중 해당 과세연도의 대통령령으로 정하는 상시근로자(이하 이 조에서 "상시근로자"라 한다)의 수가 직전 과세연도의 상시근로자의 수보다 증가한 경우에는 다음 각 호에 따른 금액을 더한 금액을 해당 과세연도와 해당 과세연도의 종료일부터 1년(중소기업 및 중견기업의 경우에는 2년)이 되는 날이 속하는 과세연도까지의 소득세(사업소득에 대한 소득세만 해당한다) 또는 법인세에서 공제한다.
1. 청년 정규직 근로자, 장애인 근로자, 60세 이상인 근로자 등 대통령령으로 정하는 상시근로자(이하 이 조에서 "청년 등 상시근로자"라 한다)의 증가한 인원수(증가한 상시근로자의 인원수를 한도로 한다)에 400만 원[중견기업의 경우에는 800만 원, 중소기업의 경우에는 1,100만 원(중소기업으로서 수도권 밖의 지역에서 증가한 경우에는 1,200만 원)]을 곱한 금액
2. 청년 등 상시근로자 외 상시근로자의 증가한 인원 수(증가한 상시근로자 인원수를 한도로 한다) × 0원(중견기업의 경우에는 450만 원, 중소기업의 경우에는 다음 각 목에 따른 금액)
가. 수도권 내의 지역에서 증가한 경우: 700만 원
나. 수도권 밖의 지역에서 증가한 경우: 770만 원

② 제1항에 따라 소득세 또는 법인세를 공제받은 내국인이 최초로 공제를 받은 과세연도의 종료일부터 2년이 되는 날이 속하는 과세연도의 종료일까지의 기간 중 전체 상시근로자의 수가 최초로 공제를 받은 과세연도에 비하여 감소한 경우에는 감소한 과세연도부터 제1항을 적용하지 아니하고, 청년 등 상시근로자의 수가 최초로 공제를 받은 과세연도에 비하여 감소한 경우에는 감소한 과세연도부터 제1항제1호를 적용하지 아니한다. 이 경우 대통령령으로 정하는 바에 따라 공제받은 세액에 상당하는 금액을 소득세 또는 법인세로 납부하여야 한다.

③ 삭제

④ 제1항을 적용받으려는 내국인은 대통령령으로 정하는 바에 따라 세액공제신청을 하여야 한다.

⑤ 제1항에 따라 소득세 또는 법인세를 공제받은 내국인이 2020년 12월 31일이 속하는 과세연도의 전체 상시근로자의 수 또는 청년 등 상시근로자의 수가 최초로

공제받은 과세연도에 비하여 감소한 경우에는 최초로 공제받은 과세연도의 종료일부터 3년이 되는 날이 속하는 과세연도의 종료일까지의 기간에 대하여 제2항을 적용한다. 다만, 2020년 12월 31일이 속하는 과세연도에 대해서는 제2항 후단을 적용하지 아니한다.

⑥ 제5항을 적용받은 내국인이 2021년 12월 31일이 속하는 과세연도의 전체 상시근로자의 수 또는 청년 등 상시근로자의 수가 최초로 공제받은 과세연도에 비하여 감소하지 아니한 경우에는 제1항 각 호에 따른 금액을 더한 금액을 2021년 12월 31일이 속하는 과세연도부터 최초로 공제받은 과세연도의 종료일부터 2년(중소기업 및 중견기업의 경우에는 3년)이 되는 날이 속하는 과세연도까지 소득세(사업소득에 대한 소득세만 해당한다) 또는 법인세에서 공제한다.

⑦ 제6항을 적용받은 내국인이 2022년 12월 31일이 속하는 과세연도의 전체 상시근로자의 수 또는 청년 등 상시근로자의 수가 최초로 공제받은 과세연도에 비하여 감소한 경우에는 최초로 공제받은 과세연도의 종료일부터 3년이 되는 날이 속하는 과세연도의 종료일까지 제2항을 적용한다.

⑧ 제1항, 제2항 및 제5항부터 제7항까지의 규정을 적용할 때 청년 등 상시근로자 및 전체 상시근로자 수의 계산방법과 그 밖에 필요한 사항은 대통령령으로 정한다.

## 제29조의8(통합고용 세액공제)

제29조의8(통합고용세액공제) ① 내국인(소비성서비스업 등 대통령령으로 정하는 업종을 경영하는 내국인은 제외한다. 이하 이 조에서 같다)의 2025년 12월 31일이 속하는 과세연도까지의 기간 중 해당 과세연도의 대통령령으로 정하는 상시근로자(이하 이 조에서 "상시근로자"라 한다)의 수가 직전 과세연도의 상시근로자의 수보다 증가한 경우에는 다음 각 호에 따른 금액을 더한 금액을 해당 과세연도와 해당 과세연도의 종료일부터 1년(중소기업 및 중견기업의 경우에는 2년)이 되는 날이 속하는 과세연도까지의 소득세(사업소득에 대한 소득세만 해당한다) 또는 법인세에서 공제한다.
1. 청년 정규직 근로자, 장애인 근로자, 60세 이상인 근로자 또는 경력단절 여성 등 대통령령으로 정하는 상시근로자(이하 이 조에서 "청년등상시근로자"라 한다)의 증가 인원 수(전체 상시근로자의 증가 인원 수를 한도로 한다)에 400만원[중견

기업의 경우에는 800만원, 중소기업의 경우에는 1,450만원(중소기업으로서 수도권 밖의 지역에서 증가한 경우에는 1,550만원)]을 곱한 금액
2. 청년등상시근로자를 제외한 상시근로자의 증가 인원 수(전체 상시근로자의 증가 인원 수를 한도로 한다) × 0원(중견기업의 경우에는 450만원, 중소기업의 경우에는 다음 각 목에 따른 금액)
가. 수도권 내의 지역에서 증가한 경우: 850만원
나. 수도권 밖의 지역에서 증가한 경우: 950만원

② 제1항에 따라 소득세 또는 법인세를 공제받은 내국인이 최초로 공제를 받은 과세연도의 종료일부터 2년이 되는 날이 속하는 과세연도의 종료일까지의 기간 중 전체 상시근로자의 수가 최초로 공제를 받은 과세연도에 비하여 감소한 경우에는 감소한 과세연도부터 제1항을 적용하지 아니하고, 청년등상시근로자의 수가 최초로 공제를 받은 과세연도에 비하여 감소한 경우에는 감소한 과세연도부터 제1항제1호를 적용하지 아니한다. 이 경우 대통령령으로 정하는 바에 따라 공제받은 세액에 상당하는 금액(제1항에 따른 공제금액 중 제144조에 따라 공제받지 못하고 이월된 금액이 있는 경우에는 그 금액을 차감한 후의 금액을 말한다)을 소득세 또는 법인세로 납부하여야 한다.

③ 중소기업 또는 중견기업이 2022년 6월 30일 당시 고용하고 있는 「기간제 및 단시간근로자 보호 등에 관한 법률」에 따른 기간제근로자 및 단시간근로자(이하 이 조에서 "기간제근로자 및 단시간근로자"라 한다), 「파견근로자 보호 등에 관한 법률」에 따른 파견근로자, 「하도급거래 공정화에 관한 법률」에 따른 수급사업자에게 고용된 기간제근로자 및 단시간근로자를 2023년 12월 31일까지 기간의 정함이 없는 근로계약을 체결한 근로자로 전환하거나 「파견근로자 보호 등에 관한 법률」에 따라 사용사업주가 직접 고용하거나 「하도급거래 공정화에 관한 법률」 제2조제2항제2호에 따른 원사업자가 기간의 정함이 없는 근로계약을 체결하여 직접 고용하는 경우(이하 이 조에서 "정규직 근로자로의 전환"이라 한다)에는 정규직 근로자로의 전환에 해당하는 인원[해당 기업의 최대주주 또는 최대출자자(개인사업자의 경우에는 대표자를 말한다)나 그와 대통령령으로 정하는 특수관계에 있는 사람은 제외한다]에 1,300만원(중견기업의 경우에는 900만원)을 곱한 금액을 해당 과세연도의 소득세(사업소득에 대한 소득세만 해당한다) 또는 법인세에서 공제한다. 다만, 해당 과세연도에 해당 중소기업 또는 중견기업의 상시근로자 수가 직전 과세연도의 상시근로자 수보다 감소한 경우에는 공제하지 아니한다.

④ 중소기업 또는 중견기업이 다음 각 호의 요건을 모두 충족하는 사람(이하 이 조에서 "육아휴직 복귀자"라 한다)을 2025년 12월 31일까지 복직시키는 경우에는 육아휴직 복귀자 인원에 1,300만원(중견기업의 경우에는 900만원)을 곱한 금액을 복직한 날이 속하는 과세연도의 소득세(사업소득에 대한 소득세만 해당한다) 또는 법인세에서 공제한다. 다만, 해당 과세연도에 해당 중소기업 또는 중견기업의 상시근로자 수가 직전 과세연도의 상시근로자 수보다 감소한 경우에는 공제하지 아니한다.

1. 해당 기업에서 1년 이상 근무하였을 것(대통령령으로 정하는 바에 따라 해당 기업이 육아휴직 복귀자의 근로소득세를 원천징수하였던 사실이 확인되는 경우로 한정한다)
2. 「남녀고용평등과 일·가정 양립 지원에 관한 법률」 제19조제1항에 따라 육아휴직한 경우로서 육아휴직 기간이 연속하여 6개월 이상일 것
3. 해당 기업의 최대주주 또는 최대출자자(개인사업자의 경우에는 대표자를 말한다)나 그와 대통령령으로 정하는 특수관계에 있는 사람이 아닐 것

⑤ 제4항은 육아휴직 복귀자의 자녀 1명당 한 차례에 한정하여 적용한다.

⑥ 제3항 또는 제4항에 따라 소득세 또는 법인세를 공제받은 자가 각각 정규직 근로자로의 전환일 또는 육아휴직 복직일부터 2년이 지나기 전에 해당 근로자와의 근로관계를 종료하는 경우에는 근로관계가 종료한 날이 속하는 과세연도의 과세표준신고를 할 때 공제받은 세액에 상당하는 금액(제3항 또는 제4항에 따른 공제금액 중 제144조에 따라 공제받지 못하고 이월된 금액이 있는 경우에는 그 금액을 차감한 후의 금액을 말한다)을 소득세 또는 법인세로 납부하여야 한다.

⑦ 제1항, 제3항 또는 제4항을 적용받으려는 내국인은 대통령령으로 정하는 바에 따라 세액공제신청을 하여야 한다.

⑧ 제1항부터 제4항까지의 규정을 적용할 때 청년등상시근로자 및 전체 상시근로자 수의 계산 방법과 그 밖에 필요한 사항은 대통령령으로 정한다.

## 제30조의4(중소기업 사회보험료 세액공제)

① 중소기업이 2024년 12월 31일이 속하는 과세연도까지의 기간 중 해당 과세연도의 상시근로자 수가 직전 과세연도의 상시근로자 수보다 증가한 경우에는 다음 각 호에 따른 금액을 더한 금액을 해당 과세연도와 해당 과세연도의 종료일부터 1년이 되는 날이 속하는 과세연도까지의 소득세(사업소득에 대한 소득세만 해당한다) 또는 법인세에서 공제한다.
1. 청년 및 경력단절 여성(이하 이 조에서 "청년 등"이라 한다) 상시근로자고용증가인원에 대하여 사용자가 부담하는 사회보험료 상당액: 청년 등 상시근로자 고용증가인원으로서 대통령령으로 정하는 인원 × 청년 등 상시근로자 고용증가인원에 대한 사용자의 사회보험료 부담금액으로서 대통령령으로 정하는 금액 × 100분의 100
2. 청년 등 외 상시근로자 고용증가 인원에 대하여 사용자가 부담하는 사회보험료 상당액: 청년 등 외 상시근로자 고용증가인원으로서 대통령령으로 정하는 인원 × 청년 등 외 상시근로자 고용증가인원에 대한 사용자의 사회보험료 부담금액으로서 대통령령으로 정하는 금액 × 100분의 50(대통령령으로 정하는 신성장 서비스업을 영위하는 중소기업의 경우 100분의 75)

② 제1항에 따라 소득세 또는 법인세를 공제받은 중소기업이 공제를 받은 과세연도의 종료일부터 1년이 되는 날이 속하는 과세연도의 종료일까지의 기간 중 전체 상시근로자의 수가 공제를 받은 과세연도의 전체 상시근로자 수보다 감소한 경우에는 감소한 과세연도에 대하여 같은 항을 적용하지 아니하고, 청년 등 상시근로자의 수가 최초로 공제를 받은 과세연도에 비하여 감소한 경우에는 감소한 과세연도에 대하여 같은 항 제1호를 적용하지 아니한다. 이 경우 대통령령으로 정하는 바에 따라 공제받은 세액에 상당하는 금액을 소득세 또는 법인세로 납부하여야 한다.

③ 중소기업 중 대통령령으로 정하는 기업이 2020년 1월 1일 현재 고용 중인 대통령령으로 정하는 근로자 중 2020년 12월 31일까지 사회보험에 신규 가입하는 근로자에 대하여 신규 가입을 한 날부터 2년이 되는 날이 속하는 달까지 사용자가 부담하는 사회보험료 상당액(대통령령으로 정하는 국가 등의 지원금은 제외한다)으로서 대통령령으로 정하는 금액의 100분의 50에 상당하는 금액을 해당 과세연도의 소득세(사업소득에 대한 소득세만 해당한다) 또는 법인세에서 공제한다.

④ 제1항 및 제3항에 따른 사회보험이란 다음 각 호의 것을 말한다.
1. 「국민연금법」에 따른 국민연금
2. 「고용보험법」에 따른 고용보험
3. 「산업재해보상보험법」에 따른 산업재해보상보험
4. 「국민건강보험법」에 따른 국민건강보험
5. 「노인장기요양보험법」에 따른 장기요양보험

⑤ 제1항부터 제3항까지의 규정을 적용받으려는 중소기업은 해당 과세연도의 과세표준신고를 할 때 기획재정부령으로 정하는 세액공제신청서 및 공제세액계산서를 제출하여야 한다.

⑥ 제1항부터 제3항까지의 규정을 적용할 때 상시근로자, 청년 등 상시근로자의 범위, 사회보험 신규 가입 및 제29조의3에 따른 세액공제를 적용받은 경우 청년 등 상시근로자 고용증가인원의 계산방법과 그 밖에 필요한 사항은 대통령령으로 정한다.

### 제86조의4(연금계좌세액공제 등)

종합소득이 있으며, 해당 과세기간에 「소득세법」 제14조제3항제6호에 따른 소득의 합계액이 2천만 원을 초과하지 않는 50세 이상인 거주자는 2022년 12월 31일까지 「소득세법」 제59조의3을 적용하는 경우 같은 조 제1항 단서에도 불구하고 연금계좌 중 연금저축계좌에 납입한 금액이 연 600만 원을 초과하는 경우에는 그 초과하는 금액은 없는 것으로 하고, 연금저축계좌에 납입한 금액 중 600만 원 이내의 금액과 퇴직연금계좌에 납입한 금액을 합한 금액이 연 900만 원을 초과하는 경우에는 그 초과하는 금액은 없는 것으로 하되, 해당 과세기간에 종합소득과세표준을 계산할 때 합산하는 종합소득금액이 1억 원 초과(근로소득만 있는 경우에는 총급여액 1억 2천만 원 초과)인 거주자에 대해서는 연금계좌 중 연금저축계좌에 납입한 금액이 연 300만 원을 초과하는 경우에는 그 초과하는 금액은 없는 것으로 하고, 연금저축계좌에 납입한 금액 중 300만 원 이내의 금액과 퇴직연금계좌에 납입한 금액을 합한 금액이 연 700만 원을 초과하는 경우에는 그 초과하는 금액은 없는 것으로 한다.

## 제122조의32(월세액에 대한 세액공제)

① 과세기간 종료일 현재 주택을 소유하지 아니한 대통령령으로 정하는 세대의 세대주(세대주가 이 항, 제87조제2항 및 「소득세법」 제52조제4항·제5항에 따른 공제를 받지 아니하는 경우에는 세대의 구성원을 말하며, 대통령령으로 정하는 외국인을 포함한다)로서 해당 과세기간의 총급여액이 7천만원 이하인 근로소득이 있는 근로자(해당 과세기간에 종합소득과세표준을 계산할 때 합산하는 종합소득금액이 6천만원을 초과하는 사람은 제외한다)가 대통령령으로 정하는 월세액을 지급하는 경우 그 금액의 100분의 15[해당 과세기간의 총급여액이 5천500만원 이하인 근로소득이 있는 근로자(해당 과세기간에 종합소득과세표준을 계산할 때 합산하는 종합소득금액이 4천500만원을 초과하는 사람은 제외한다)의 경우에는 100분의 17]에 해당하는 금액을 해당 과세기간의 종합소득산출세액에서 공제한다. 다만, 해당 월세액이 750만원을 초과하는 경우 그 초과하는 금액은 없는 것으로 한다.

## 제126조의6(성실신고 확인비용에 대한 세액공제)

① 「소득세법」제70조의2제1항에 따른 성실신고확인대상사업자 및 「법인세법」 제60조의2제1항에 따른 성실신고확인대상 내국법인(이하 이 조에서 "성실신고확인대상자"라 한다)이 성실신고확인서를 제출(둘 이상의 업종을 영위하는 「소득세법」 제70조의2제1항에 따른 성실신고확인대상사업자가 일부 업종에 대해서만 성실신고확인서를 제출한 경우를 포함한다)하는 경우에는 성실신고 확인에 직접 사용한 비용의 100분의 60에 해당하는 금액을 해당 과세연도의 소득세[사업소득(「소득세법」 제45조제2항에 따른 부동산임대업에서 발생하는 소득을 포함한다)에 대한 소득세만 해당한다] 또는 법인세에서 공제한다. 다만, 공제세액의 한도는 120만 원(「법인세법」 제60조의2제1항에 따른 성실신고확인대상 내국법인의 경우에는 150만 원)의 범위에서 대통령령으로 정한다.

② 제1항을 적용받은 성실신고확인대상자가 해당 과세연도의 사업소득금액(법인인 경우에는 「법인세법」 제13조에 따른 과세표준을 말한다. 이하 이 조에서 "사업소득금액 등"이라 한다)을 과소 신고한 경우로서 그 과소 신고한 사업소득금액 등이 경정(수정신고로 인한 경우를 포함한다)된 사업소득금액 등의 100분의 10 이상인 경우에는 제1항에 따라 공제받은 금액에 상당하는 세액을 전액 추징한다.

③ 제2항에 따라 사업소득금액 등이 경정된 성실신고확인대상자에 대해서는 경정일이 속하는 과세연도의 다음 과세연도부터 3개 과세연도 동안 성실신고 확인비용에 대한 세액공제를 하지 아니한다.

④ 제1항을 적용받으려는 자는 대통령령으로 정하는 바에 따라 세액공제신청을 하여야 한다.

## 【업무용승용차 관련 세법 규정】

### 법인세법 제27조의2(업무용승용차 관련비용의 손금불산입 등 특례)

① 「개별소비세법」 제1조제2항제3호에 해당하는 승용자동차(운수업, 자동차판매업 등에서 사업에 직접 사용하는 승용자동차로서 대통령령으로 정하는 것과 연구개발을 목적으로 사용하는 승용자동차로서 대통령령으로 정하는 것은 제외하며, 이하 이 조 및 제74조의2에서 "업무용승용차"라 한다)에 대한 감가상각비는 각 사업연도의 소득금액을 계산할 때 대통령령으로 정하는 바에 따라 손금에 산입하여야 한다.

② 내국법인이 업무용승용차를 취득하거나 임차함에 따라 해당 사업연도에 발생하는 감가상각비, 임차료, 유류비 등 대통령령으로 정하는 비용(이하 이 조 및 제74조의2에서 "업무용승용차 관련비용"이라 한다) 중 대통령령으로 정하는 업무용 사용금액(이하 이 조에서 "업무사용금액"이라 한다)에 해당하지 아니하는 금액은 해당 사업연도의 소득금액을 계산할 때 손금에 산입하지 아니한다.

③ 제2항을 적용할 때 업무사용금액 중 다음 각 호의 구분에 해당하는 비용이 해당 사업연도에 각각 800만 원(해당 사업연도가 1년 미만인 경우 800만 원에 해당 사업연도의 월수를 곱하고 이를 12로 나누어 산출한 금액을 말하고, 사업연도 중 일부 기간 동안 보유하거나 임차한 경우에는 800만 원에 해당 보유기간 또는 임차기간 월수를 곱하고 이를 사업연도 월수로 나누어 산출한 금액을 말한다)을 초과하는 경우 그 초과하는 금액(이하 이 조에서 "감가상각비 한도초과액"이라 한다)은 해당 사업연도의 손금에 산입하지 아니하고 대통령령으로 정하는 방법에 따라 이월하여 손금에 산입한다.
1. 업무용승용차별 감가상각비
2. 업무용승용차별 임차료 중 대통령령으로 정하는 감가상각비 상당액

④ 업무용승용차를 처분하여 발생하는 손실로서 업무용승용차별로 800만 원(해당 사업연도가 1년 미만인 경우 800만 원에 해당 사업연도의 월수를 곱하고 이를 12로 나누어 산출한 금액을 말한다)을 초과하는 금액은 대통령령으로 정하는 방법에 따라 이월하여 손금에 산입한다.

⑤ 제3항과 제4항을 적용할 때 부동산임대업을 주된 사업으로 하는 등 대통령령으로 정하는 요건에 해당하는 내국법인의 경우에는 "800만 원"을 각각 "400만 원"으로 한다.

⑥ 제1항부터 제5항까지에 따라 업무용승용차 관련비용 등을 손금에 산입한 법인은 대통령령으로 정하는 바에 따라 업무용승용차 관련비용 등에 관한 명세서를 납세지 관할 세무서장에게 제출하여야 한다.

⑦ 업무사용금액의 계산방법, 감가상각비 한도초과액의 계산 및 이월방법과 그 밖에 필요한 사항은 대통령령으로 정한다.

### 법인세법시행령 제50조의2(업무용승용차 관련비용 등의 손금불산입 특례)

① 법 제27조의2제1항에서 "운수업, 자동차판매업 등에서 사업에 직접 사용하는 승용자동차로서 대통령령으로 정하는 것과 연구개발을 목적으로 사용하는 승용자동차로서 대통령령으로 정하는 것"이란 다음 각 호의 어느 하나에 해당하는 승용자동차를 말한다.
1. 「부가가치세법 시행령」제19조 각 호에 해당하는 업종 또는 「여신전문금융업법」제2조제9호에 따른 시설대여업에서 사업상 수익을 얻기 위하여 직접 사용하는 승용자동차
2. 제1호와 유사한 승용자동차로서 기획재정부령으로 정하는 승용자동차
3. 「자동차관리법」제27조제1항 단서에 따라 국토교통부장관의 임시운행허가를 받은 자율주행자동차

② 법 제27조의2제2항에서 "대통령령으로 정하는 비용"이란 업무용승용차에 대한 감가상각비, 임차료, 유류비, 보험료, 수선비, 자동차세, 통행료 및 금융리스부채에 대한 이자비용 등 업무용승용차의 취득·유지를 위하여 지출한 비용(이하 이 조에서 "업무용승용차 관련비용"이라 한다)을 말한다.

③ 업무용승용차는 제26조제1항제2호 및 제28조제1항제2호에도 불구하고 정액법을 상각방법으로 하고 내용연수를 5년으로 하여 계산한 금액을 감가상각비로 하여 손금에 산입하여야 한다.

④ 법 제27조의2제2항에서 "대통령령으로 정하는 업무용 사용금액"이란 다음 각 호의 구분에 따른 금액을 말한다.
1. 해당 사업연도 전체 기간(임차한 승용차의 경우 해당 사업연도 중에 임차한 기간을 말한다) 동안 다음 각 목의 어느 하나에 해당하는 사람이 운전하는 경우만 보상하는 자동차보험(이하 "업무전용자동차보험"이라 한다)에 가입한 경우: 업무용승용차 관련비용에
 업무사용비율을 곱한 금액
가. 해당 법인의 임원 또는 직원
나. 계약에 따라 해당 법인의 업무를 위하여 운전하는 사람
다. 해당 법인의 업무를 위하여 필요하다고 인정되는 경우로서 기획재정부령으로 정하는 사람
2. 업무전용자동차보험에 가입하지 아니한 경우: 전액 손금불인정

⑤ 제4항제1호에서 업무사용비율은 기획재정부령으로 정하는 운행기록 등(이하 이 조에서 "운행기록 등"이라 한다)에 따라 확인되는 총 주행거리 중 업무용 사용거리가 차지하는 비율로 한다.

⑥ 제4항제1호를 적용받으려는 내국법인은 업무용승용차별로 운행기록 등을 작성·비치하여야 하며, 납세지 관할 세무서장이 요구할 경우 이를 즉시 제출하여야 한다.

⑦ 제4항제1호를 적용할 때 운행기록 등을 작성·비치하지 않은 경우 해당 업무용승용차의 업무사용비율은 제5항에도 불구하고 다음 각 호의 구분에 따른 비율로 한다.
1. 해당 사업연도의 업무용승용차 관련비용이 1천5백만 원(해당 사업연도가 1년 미만인 경우에는 1천5백만 원에 해당 사업연도의 월수를 곱하고 이를 12로 나누어 산출한 금액을 말하고, 사업연도 중 일부 기간 동안 보유하거나 임차한 경우에는 1천5백만 원에 해당 보유기간 또는 임차기간 월수를 곱하고 이를 사업연도 월수로 나누어 산출한 금액을 말한다. 이하 이 조에서 같다) 이하인 경우: 100분의 100
2. 해당 사업연도의 업무용승용차 관련비용이 1천5백만 원을 초과하는 경우: 1천5백만 원을 업무용승용차 관련비용으로 나눈 비율

⑧ 제4항제1호를 적용할 때 기획재정부령으로 정하는 임차 승용차로서 다음 각 호의 어느 하나에 해당하는 사람을 운전자로 한정하는 임대차 특약을 체결한 경우에는 업무전용자동차보험에 가입한 것으로 본다.
1. 해당 법인의 임원 또는 직원
2. 계약에 따라 해당 법인의 업무를 위하여 운전하는 사람

⑨ 제4항제2호에도 불구하고 해당 사업연도 전체기간(임차한 승용차의 경우 해당 사업연도 중에 임차한 기간을 말한다) 중 일부기간만 업무전용자동차보험에 가입한 경우 법 제27조의2제2항에 따른 업무사용금액은 다음의 계산식에 따라 산정한 금액으로 한다.
업무용승용차 관련비용 × 업무사용비율 × (해당 사업연도에 실제로 업무전용자동차보험에 가입한 일수 ÷ 해당 사업연도에 업무전용자동차보험에 의무적으로 가입하여야 할 일수)

⑩ 법 제27조의2제3항 각 호 외의 부분의 감가상각비 한도초과액은 같은 항 각 호의 금액에 업무사용비율을 곱하여 산출한 금액에서 800만 원(해당 사업연도가 1년 미만인 경우 800만 원에 해당 사업연도의 월수를 곱하고 이를 12로 나누어 산출한 금액을 말하고, 사업연도 중 일부 기간 동안 보유하거나 임차한 경우에는 800만 원에 해당 보유기간 또는 임차기간 월수를 곱하고 이를 사업연도 월수로 나누어 산출한 금액을 말한다)을 차감하여 계산한다.

⑪ 법 제27조의2제3항 각 호 외의 부분에서 "대통령령으로 정하는 방법"이란 다음 각 호의 구분에 따른 방법에 따라 산정된 금액을 한도로 이월하여 손금에 산입하는 방법을 말한다.
1. 업무용승용차별 감가상각비 이월액: 해당 사업연도의 다음 사업연도부터 해당 업무용승용차의 업무사용금액 중 감가상각비가 800만 원에 미달하는 경우 그 미달하는 금액을 한도로 하여 손금으로 추인한다.
2. 업무용승용차별 임차료 중 제12항에 따른 감가상각비 상당액 이월액: 해당 사업연도의 다음 사업연도부터 해당 업무용승용차의 업무사용금액 중 감가상각비 상당액이 800만 원에 미달하는 경우 그 미달하는 금액을 한도로 손금에 산입한다.

⑫ 법 제27조의2제3항제2호에서 "대통령령으로 정하는 감가상각비 상당액"이란 업무용승용차의 임차료 중 보험료와 자동차세 등을 제외한 금액으로서 기획재정부령으로 정하는 금액을 말한다.

⑬ 법 제27조의2제4항에서 "대통령령으로 정하는 방법"이란 해당 사업연도의 다음 사업연도부터 800만 원을 균등하게 손금에 산입하되, 남은 금액이 800만 원 미만인 사업연도에는 남은 금액을 모두 손금에 산입하는 방법을 말한다.

⑭ 업무용승용차 관련비용 또는 처분손실을 손금에 산입한 법인은 법 제60조에 따른 신고를 할 때 기획재정부령으로 정하는 업무용승용차 관련비용 명세서를 첨부하여 납세지 관할 세무서장에게 제출하여야 한다.

⑮ 제42조제2항 각 호의 요건을 모두 갖춘 내국법인의 경우에는 제7항, 제10항, 제11항 또는 제13항을 적용할 때 "1천5백만 원"은 각각 "500만 원"으로, "800만 원"은 각각 "400만 원"으로 한다.

⑯ 해당 사업연도가 1년 미만이거나 사업연도 중 일부 기간 동안 보유하거나 임차한 경우의 월수의 계산은 역에 따라 계산하되, 1개월 미만의 일수는 1개월로 한다.

⑰ 제1항부터 제16항까지에서 규정한 사항 외에 업무용 사용의 범위 및 그 밖에 필요한 사항은 기획재정부령으로 정한다.